501 lieux mystérieux de France

Pierre Ripert

www.lelivreclub.fr

Garantie de l'éditeur
Malgré tout le soin apporté à sa réalisation,
cet ouvrage peut comporter des erreurs ou des omissions.
Nous remercions le lecteur de bien vouloir nous faire part
de toute remarque à ce sujet.

SDP Le Livre Club - 164, Rue Ambroise Paré
Z.I. de Saint-Césaire - 30900 Nîmes

Pierre Ripert

501 lieux mystérieux de France

Dictionnaire

Sommaire

Introduction

Y-a-t-il un pays au monde plus fécond en légendes que la France ? Chaque commune, chaque coin de terroir, ou presque, se prévalent de la visite d'un géant ou de la présence, plus discrète, de quelque nain, elfe ou ondine. Et les fées ? Elles ont dîné, dormi ou rêvé, transporté des pierres dans leur tablier et, tout autant que le diable, construit d'innombrables édifices, dont il ne reste plus, aujourd'hui, qu'un nom sur des ruines...

En ruines aussi, ces châteaux forts et édifices templiers dans les souterrains desquels on cherche toujours des trésors ; car il est arrivé que l'on en trouve encore...

Qu'ils soient protégés par des vouivres, des dragons, ou des fantômes de chevaliers maudits, retrouvez, au plus profond de la France des terroirs, celle des sites archéologiques et des mythes protohistoriques, ces sites chargés d'histoire, mystérieux et légendaires que nos ancêtres évoquaient déjà, en frissonnant au coin du feu...

Pour les noms suivis d'un astérisque, se reporter au lexique, en fin de volume.

Ain (01)

Bugey

Dans le Bugey, région délimitée par le coude du Rhône et l'Ain, sévissent des lutins que l'on nomme servants. Ils habitent souvent dans les forêts, mais on les trouve aussi dans un coin de la maison. Parfois, on leur réserve une chambre et à la nuit, ils font les travaux domestiques oubliés.

Le Bugey aurait été peuplé au paléolithique supérieur, dès la fonte des glaciers alpins. Quelques vestiges du néolithique, dont le squelette de l'homme de Culoz. Divers peuples gaulois l'occupent, Allobroges, Helvètes, Séquanes... avant que César y impose ses légions. Le Bugey devient un carrefour des voies romaines. Mais les origines légendaires du Bugey remontent bien au-delà.

Bel, arrière-petit-fils de Noé, a pour femme Bugia. Lors de la dispersion de sa tribu, son père, Japhet, le bénit, et suspend au cou de Bugia une amulette en peau de gazelle contenant un peu de terre de l'Éden et quelques graines récupérées dans les cales de l'Arche de l'arrière-grand-père. Bel et Bugia marchent des mois entiers vers l'ouest... Un soir, Bugia, après avoir franchi une nième montagne, tombe d'épuisement. Lorsqu'elle relève la tête, elle est émerveillée par la beauté de la vallée sous ses yeux. Elle la montre à Bel, et tous deux décident de s'y installer. Bugia arrache l'amulette de son cou et en jette le contenu vers le fond de la vallée. Ils s'endorment. Quand ils se réveillent, des arbres fruitiers, de la vigne et du blé ont poussé. Bel baptise ce pays de cocagne Bugey, en l'honneur de Bugia.

Ceyzerieu

Le géant Gargantua* aurait habité la contrée et y aurait même cultivé des champs ; pour en chasser les moineaux qui venaient y picorer les semences, il leur jeta la Pierre Noire.

Injoux-Génissiat

Grotte préhistorique, dite grotte des Huguenots, ou grotte de la Vézeronce, vers Bériaz. Les huguenots, pourchassés par les troupes royales, s'y réfugiaient, avant de tenter de passer en Suisse, haut lieu du protestantisme. Mandrin*, contrebande oblige avec la Suisse, dans l'une des cavités voisines, aurait caché des marchandises volées.

Meyriat

Dans la forêt, il y avait, jusqu'à la Révolution, une abbaye. Laquelle, pendant la tourmente révolutionnaire, fut pillée par les paysans des alentours dès que ses moines l'eurent désertée. Ils venaient chercher son trésor que les moines, avant de quitter les lieux, avaient fait enterrer dans une crypte. Ils ne trouvèrent rien de ce trésor gardé depuis, selon sa légende, par le fantôme d'un moine qui avait refusé d'abandonner l'abbaye et qui y fut tué lors de sa mise à sac, pour avoir voulu s'y opposer.

Neuville-sur-Ain

Site préhistorique : abri de la Colombière, où furent retrouvés des galets et des os de mammouth sculptés. À noter que la D 42 qui traverse le territoire de la commune suit le tracé de l'ancienne voie gallo-romaine qui reliait Lyon à la Germanie.

Nantua

Deux monolithes, le Doigt du Diable et Maria Matre, une Déesse-Mère* pétrifiée en raison de sa gourmandise. La montagne qui domine la ville serait un... excrément de Gargantua* ! Selon une autre légende, ce sont des chaînes qui retiennent les rochers autour de la ville, et malheur pour elle le jour où elles se rompront !
Église romane Saint-Michel du XIIe siècle.

Souhait (Montagnieu)

Grotte préhistorique d'où ont été mis à jour des coffres avec inhumations.

Aisne (02)

Bois-les-Pargny

À proximité de Crécy, le menhir de Haute-Borne passe pour avoir été consacré à Loucetios ou Lug*, un des dieux gaulois de la lumière et de l'artisanat. Parfois, on le nomme Verziau de Gargantua*, imputant au géant son transport. Un polissoir voisin, couvert de nombreuses rainures, est considéré comme un autel sacrificiel.

Cuiry-les-Chaudardes

Site préhistorique (rubané), où l'on a retrouvé les traces d'un village de vingt-cinq maisons perpendiculaires à la rivière.

Fère-en-Tardenois

Le Grès-qui-va-boire est un menhir penché, dont l'ombre se dirige vers l'Ourq, les soirs d'hiver. Il passe pour avoir des vertus curatives, comme de nombreux autres mégalithes. On raconte aussi qu'il a servi d'autel druidique, au temps des Gaulois. Site préhistorique de l'Allée Tortue.

Liesse-Notre-Dame

Basilique en gothique flamboyant des XIII-XIVe siècles, où l'on venait, à l'instar des rois de France, en pèlerinage honorer la Vierge noire. Berthe aux grands pieds, mère de Charlemagne, naquit à proximité.

Villers-Cotterêts

La Pierre Clouise, aussi large que haute (9 m), est située aux « Femmes tuées », un champ où, selon la légende, des Gauloises infidèles auraient été mises à mort par leurs époux bafoués. La Pierre Clouise témoigne d'une autre tradition presque matrimoniale : les jeunes filles qui se laissaient glisser sur elle (elle est pentue) sans chuter trouvaient un mari dans l'année. Autre tradition gauloise : l'enfant que son père portait au sommet du rocher et qui en roulait sans crier était légitimé ; s'il se mettait à brailler, il était soupçonné de bâtardise. Sa mère était-elle mise à mort sur-le-champ, comme le prétendaient les « historiens » romains, qui détestaient les Gaulois ?

Le bon roi Dagobert venait chasser dans la forêt, et plus tard François Ier fit de même.

Allier (03)

Arfeuilles

Situé dans la Montagne bourbonnaise, Arfeuilles est un lieu où les amoncellements rocheux et les souterrains d'époques variées se prêtent à plusieurs légendes. Les souterrains-refuges sont censés faire communiquer, au mépris de la géographie la plus élémentaire, divers châteaux entre eux. La rareté des vestiges archéologiques, trouvés à l'intérieur, ajoute au mystère et laisse présager quelque trésor. À citer également le Rez Gailles, le Rez Murceint, le Rez des Écoliers, sites étranges où la tradition place un culte solaire et diverses pratiques remontant à la protohistoire. Sans doute y a-t-il un fond de vérité. Le château de Montmorillon (aujourd'hui en ruines) était relié au château d'Arfeuilles par un souterrain où son seigneur, assiégé par les troupes royales, aurait enfoui un trésor avant de s'enfuir par ce même souterrain.

Notre-Dame d'Arfeuilles était invoquée pour faire tomber la pluie lors des sécheresses, et faire entrer au paradis les enfants morts avant d'avoir été baptisés.

Beaulon

Un fabuleux trésor a été confié à la garde d'une vouivre. Jamais elle ne relâche sa surveillance, à l'exception du jour des Rameaux, où elle va boire à l'étang Pétrot. Avis aux amateurs : chacun peut s'approprier une part du magot, à condition de partir avant le retour de la femme-serpent !

Besson

Une caverne naturelle s'ouvre sous la Pierre Folle, roche en équilibre précaire sur une autre. Elle abrite une fée. Mélussonnette, sœur de Mélusine ? Elle se révèle comme une grande bâtisseuse, portant des pierres dans son tablier et suivant chaque nuit la même route, surnommée le Chemin des fées.

Cérilly

Ici se situe une histoire de ville engloutie. La Fontaine de Villejot offre la particularité de jaillir à l'endroit même où la ville a disparu et de refléter une source perdue. Si l'on se penche vers le miroir de son eau, on y lit son avenir. Les jeunes filles crédules viennent l'interroger pour savoir si elles vont se marier.

Chantelle-le-Château

Charles III, duc de Bourbon et d'Auvergne, l'un des hommes les plus riches de France sous le règne de François Ier, qui en avait fait son connétable, eut, pour son malheur, à affronter Louise de Savoie, la mère du roi, une femme âpre au gain qui profita de sa position pour lui contester la propriété du Bourbonnais, sur lequel elle voulait faire main basse au nom d'obscures affaires de famille. Sachant le procès engagé d'avance perdu, les juges de France étant à la solde du roi, Charles de Bourbon passa à l'ennemi et mit son épée à la disposition de Charles Quint, qui le mit à la tête de ses troupes en Italie. C'est lui, le connétable félon qui se fait rabrouer par le chevalier Bayard, pendant son agonie. Il meurt lui-même peu après, en 1527, en investissant Rome. Avant de trahir, il a eu soin de transférer ses richesses dans les souterrains de son château de Chantelle, en usant d'un subterfuge : on a forcé les nombreux ânes chargés d'or et de pierreries à marcher à reculons...

Châtelperron

Site préhistorique : la grotte des fées (paléolithique supérieur).

Durdat-Larequille

Le Rocher du Diable et le Rocher de la Baleine servaient, jadis, à la glissade que les jeunes filles pratiquaient, pour être sûres de se marier dans l'année. Notons le toponyme de baleine, sans doute en relation avec le dieu lumineux Belenos*, en association avec celui du Diable.

Ferrières-sur-Sichon

Glozel et ses questions non résolues n'ont pas réussi à détrôner des légendes plus anciennes se rapportant aux roches bizarres qui jalonnent la montagne, comme la Pierre Encise ou le Roc Vincent. Voici un lieu maudit, où vivaient des fées malfaisantes, qui entravaient le cours du Sichon ; il a fallu construire une chapelle pour conjuguer leur diabolique pouvoir. Une fée maladroite y a d'ailleurs perdu la vie et elle gît, ensevelie sous un bloc, au cœur de la rivière. Ailleurs, dans les Bois noirs, qui portent bien leur nom, un monstre, sans forme, terrorise tous ceux qui ont l'audace de s'aventurer dans cette forêt antique (bois sacré), après la tombée de la nuit.

Glozel

Site paléolithique-néolithique contesté. Le 1er mars 1924, le jeune Émile Fradin, qui laboure un champ avec son grand-père, exhume des fragments de poteries. Il les montre à un médecin de Vichy passionné d'archéologie, le Dr Morlet, qui alerte les sociétés savantes. Des membres de l'Institut font le déplacement, et se déchirent allègrement par feuilles scientifiques interposées. Certains proclament une découverte archéologique de première importance, qui tendrait à prouver que la pré-civilisation occidentale n'a pas eu pour seul berceau la Mésopotamie, d'autres crient à la supercherie, en suggérant que les vestiges ont été fabriqués par Émile Fradin, sans se demander comment, avec quoi, et dans quel but. L'accès du champ est interdit même à son propriétaire, et le restera longtemps. À partir des années 70, Émile Fredin, avec l'appui d'une nouvelle génération d'archéologues, reprend son combat. Les analyses se sont perfectionnées et, carbone 14 aidant, une

explication finit par prévaloir : le site aurait été occupé vers 17 000 ans av. J.-C., puis vers 1 000 av. J.-C., raison pour laquelle les débris, entre eux, manquaient de cohérence lorsqu'on voulait les dater.
Mais le mystère de Glozel n'en a pas été pour autant entièrement résolu, car toutes les fouilles entreprises dans le champ et ses environs n'ont rien donné.

La Chabanne

Un site montagneux où les caprices de la nature ont façonné la roche, créant des sculptures que l'homme préhistorique a sacralisées. La Pierre des Fées est une roche à empreintes ; près de là, prend place le Fauteuil de la Grande Fade (fée).

Saligny-sur-Roudon

Site préhistorique de Tilly (moustérien).

Alpes-De-Haute-Provence (04)

Barcelonnette

Cité fondée au XIIIe siècle. Au XIXe siècle, des « Barcelonnettes » firent fortune au Mexique et revinrent au pays pour s'y faire bâtir des villas de style baroque ou néo-gothique.

Entrevaux

Près de cette ville de sorciers se situe l'ermitage de Saint-Jean-du-Désert, où se perpétuent les traditions du solstice d'été. On y danse la farandole toute la nuit, le visage barbouillé avec la boue trouvée au fond de la source sacrée. Les jeunes gens, autrefois, érigeaient des cairns voués aux esprits de la montagne afin qu'ils leur assurent un mariage heureux.

Lurs

Le seul cas connu de dragon converti. Chassé par un évêque, il eut le temps de graver sa confession sur la pierre sous laquelle il espérait se dérober.

Manosque

Église romane Notre-Dame. Ruines de remparts du XIIe siècle.

Quinson

Sites préhistoriques : la Baume Bonne, et l'abri Breuil.

Reillanne

Site préhistorique : abri Saint-Mître (sauveterrien).

Riez

Cité gallo-romaine. Baptistère mérovingien. Vestiges romains et romans.

Hautes-Alpes (05)

Ancelle

Lieu hanté par le Diable. Il y possède la Tune du Diable, une excavation sur le sommet du mont Philippe, mais aussi la Chaire du Diable, parmi les blocs erratiques amoncelés sur la Montagne de Fandon, qui fut une cité détruite, dit-on, par un tremblement de terre. Sont-ce là les blocs qu'un évêque aurait réussi à vendre au diable ?

Gap

Site préhistorique : dolmens dans les environs.

L'Épine

Une curieuse pratique y a été longtemps conservée. Si la pluie venait à manquer, les vieux du village choisissaient une jeune fille pure et l'obligeait à prendre nue un bain dans la Fontaine. Cette purification attirait aussitôt l'orage.

Orpierre

Un sot se promenait avec son veau, un soir de pleine lune. Le veau vint boire à la Fontaine et avala les reflets de la lune, ce qui rendit son maître définitivement fou de rage. À noter aussi un Palet de Gargantua.

Théus

Les Demoiselles coiffées de Théus, des cheminées de fées blanches (sortes de stalagmites) surmontées d'une pierre brune, sont prétexte à légendes. Des belles pétrifiées pour être venues danser au lieu d'aller à la messe ? C'est ce que dit la plainte du vent, quand il passe entre elles.

Alpes-Maritimes (06)

Antibes

Fondée au VIe siècle av. J.-C. par les Massaliotes, colons grecs de Marseille, et baptisée Antipolis. Important port gallo-romain.

Lerins (Îles de)

Autrefois existait une grande île, qui était propriété du Diable, jusqu'à ce que Dieu en prenne ombrage et envoie un Déluge pour engloutir ce fief de Satan. Deux îles surnagèrent, Saint-Honorat, où une épaisse forêt vint masquer le temple du Diable, et Marguerite.

Menton

Édifices du XVIIe siècle. Musée régional de la préhistoire.

Mougins

Vestiges romans du XIIe siècle.

Nice

Colonie grecque du VIe siècle av. J.-C., cité romaine puis propriété des comtes de Provence et des ducs de Savoie. Cathédrale Sainte-Réparate et église Saint-Jacques du XVIIe siècle. Musée préhistorique de Terre Amata. Grotte préhistorique du Lazaret.

Roquebrune-Cap-Martin

Site préhistorique : grotte du Vallonet (-1 million d'années). Bourg médiéval.

Roquefort-les-Pins

Site préhistorique : dolmens des Peyraoutes.

Saint-Césaire

Site préhistorique : dolmens de Mauvans.

Tende

Le Mont Bego et la Vallée des Merveilles, temple rupestre protohistorique (âge de bronze), sont aussi des hauts lieux légendaires.

Un des lacs de la Vallée des Merveilles sert d'entrée pour l'Enfer (N'y a-t-il pas, dans les environs, une Cime du Diable ? Les habitants de ces hautes vallées ont, plus d'une fois, tenté de flouer le Démon. Les habitants de Contes eurent l'idée d'enduire la margelle de leur fontaine de glu et le Diable, assoiffé, y laissa sa queue, d'où le toponyme *Coaraze.*

Mais un lieu où règne en maître le Dieu de l'Orage ne pouvait être pacifié aussi vite. Les processions et l'eau bénite ne parvinrent pas à écarter Malvina, la Masque (fée) de la Vallée des Merveilles. Celle-ci, à force de pouvoirs, réussit à mettre à mal une rivale et régna sur le Vallon de la Maglia.

D'autres personnages malfaisants eurent moins de chance. Ainsi, la sorcière du mont Bego avait barre sur les bergers, dont elle exigeait le tribut de quatre moutons, rituellement sacrifiés au lac du Diable. Un après-midi d'été éclata le plus terrible orage que la terre n'eut jamais connu ; les éléments déchaînés entraînèrent la sorcière et ses sbires au fond du Lac Carbon, le bien nommé. Pendant un temps, les pâtres purent souffler. Mais un mal chassa l'autre. Les troupeaux se mirent à dépérir et les bergers durent faire appel au chapelain de Saint-Dalmas pour exorciser les lieux. Sept moines escaladèrent le mont Bego et ne négligèrent aucune prière, mais le sort s'acharna sur eux. Une nuée de corbeaux voila le soleil et ils furent pétrifiés.

Un autre pâtre voulut conduire ses bêtes trop près du Val d'Enfer où l'herbe était plus grasse. Mal lui en prit : le bélier de tête, le troupeau et lui-même furent engloutis dans le Lac Saorgine.

L'une des dernières victimes fut un berger qui voulait voir l'aurore. Il partit à la nuit pour escalader le mont Bego et arriver à temps pour le lever du soleil. À quelques pas du sommet, dans l'aube naissante, il tomba dans une mare qui devint la Fontaine de l'Aurore. Avis aux visiteurs, le mont Bego est plein de traîtrises...

Vence

Vestiges romains. Restes de remparts du XIIIe siècle. Cathédrale romane.

Ardèche (07)

Annonay

Étape pour les pèlerins (route du Puy), Annonay, devenue protestante, fut détruite pendant les Guerres de religion.

Balazuc

À Balazuc vivait jadis une fée bienfaisante, la Dame Vierne. Elle parcourait la campagne, à cheval sur un coursier ferré à l'envers, afin que nul ne sache d'où elle venait ; elle déposait des miches de pain sous le toit des pauvres gens. Elle aurait épousé le sieur Dragonet de Montdragon, vainqueur du dragon de Fontvieille (voir lexique).

Berrias-et-Casteljau

Site préhistorique.

Bidon

Sites préhistoriques : grotte de la Tête du Lion, grotte Saint-Marcel.

Bourg-Saint-Andéol

Haut lieu légendaire pour plusieurs créatures fantastiques. La Fontaine de Tourne, une résurgence de type vauclusien, est hantée par un dragon. À côté, la Baume des fades, grotte ouverte dans la falaise, abrite ce monstre qui semble faire bon ménage avec les fées. Celles-ci sous les traits de Dames noires veillent sur la barre rocheuse. On voit également l'empreinte du cheval Bayart non loin du Bois des Géants, fréquenté par Gargantua, qui jeta un rocher, le Cayre-Crey, dans l'Ardèche.

Cruas

Ancienne abbaye bénédictine, et église romane du XIe siècle. Chapelle fortifiée du XIIe siècle.

Orgnac-l'Aven

Site préhistorique (paléolithique) et musée de la préhistoire.

Peyre-Beille

Sur la route entre Aubenas et Le Puy, l'auberge de Peyre-Beille n'avait pas bonne réputation. Tous ceux qui y dormaient n'en revenaient pas, surtout au lendemain de foires où ils avaient fait affaire... Les aubergistes, les époux Martin, furent confondus en 1831 par les gendarmes : ils tuaient leurs clients pour leur dérober leur argent. Condamnés à mort, ils furent exécutés deux ans plus tard dans la cour de leur auberge ; une *Auberge rouge* qui inspira les romanciers, puis les cinéastes.

Saint-Martin d'Ardèche

Sites préhistoriques : statues-menhirs de l'Aven Meunier, grotte ornée du Figuier.

Vallon-Pont-d'Arc

Sites préhistoriques : grotte d'Ebbou (magdalénien), abri du Colombier, grotte du Deroc, grotte de la Vacheresse, grotte du Pontiar.

Ardenne (08)

Bar-les-Buzancy

Une fontaine et une pierre (l'Eau et le Feu) sont associées et l'on raconte que la pierre tourne autour de la fontaine, sept fois de suite, la nuit de la fête du village.

Bazeilles

Le seigneur d'Orchas était si mauvais qu'une fée lui jeta un sort : il fut condamné à périr sous les coups de sa propre épée, maniée par une innocente jeune fille. Ce seigneur d'Orchas au nom proche d'Orcus, dieu gallo-romain du monde infernal, aurait été un ogre déguisé.

Brieulles-sur-Bar

Au Bois de la Lune ont lieu des danses sataniques et c'est là qu'il faut se rendre si l'on veut vendre son âme au Diable.

Châtel-Chéhéry

Dans la Vallée du Moulin de la Briquette, certains, qui sont morts peu après, ont vu passer de nuit, une chasse infernale, comprenant des centaines de petits chiens blancs, précédant le Grand Veneur et ses piqueurs. Quand ils traversent la rivière, ils paraissent marcher sur l'eau, preuve que ce sont des fantômes.

Eteignières

Au lieu-dit La Roche gît une pierre qui recouvre un trésor. La nuit, un homme prisonnier tente d'échapper à la vigilance d'une chèvre d'or, qui gambade jusqu'à l'aube et veille sur le trésor.

Gespunsart

Les lutins, héritiers des vieux dieux oubliés, y hantent la campagne. Ils ont pour nom Hallequins ou Lumerettes, près des étangs ou dans les bois. Les Couzietti se cachent dans les feuillages et les Houziers apparaissent comme les esprits du brouillard.

Signy-l'Abbaye

Restes d'une abbaye cistercienne fondée au XIIe siècle.

Ariège (09)

Gourbit

Des bergers faisaient paître leurs troupeaux quand un mendiant vint à passer. Tous lui refusèrent un morceau de pain, sauf un. L'étranger lui conseilla de fuir la vallée sans se retourner, mais au terrible fracas qu'il entendit, il regarda en arrière et fut pétrifié, devenant ainsi le Roc du Midi.

Laroque d'Olmes

Vestiges gallo-romains.

Mas d'Azil

La grotte du Mas d'Azil a été, depuis la nuit des temps, un refuge. Avant les hommes, les ours, lors des grandes glaciations, l'occupèrent. Les premiers hommes, eux, en décorèrent les parois (magdalénien). Plus tard s'y cachèrent les premiers chrétiens, les derniers Cathares, et des protestants y furent assiégés pendant deux mois.

Montesquieu-Avantès

Sites préhistoriques (grottes).

Montségur

Site paléolithique, sur lequel est édifiée une forteresse qu'au début du XIIIe siècle, les cathares occupent et restaurent, avant d'y être assiégés par les troupes du roi de France et, après reddition, brûlés vifs.

Niaux

Musée vivant du paléolithique supérieur (magdalénien), les parois des cavernes de Niaux montrent la faune que côtoyaient nos ancêtres, bisons, chevaux... L'une des hypothèses devant ces dessins serait que les peintres étaient aussi des sorciers, qui voulaient attirer sur leurs tribus la protection des dieux de la chasse.

Serralongue

C'est dans la forêt de Serralongue, selon certains, qu'aurait été caché le trésor cathare... (Voir Montségur, ci-dessus)

Ussat

Les Grottes de Lombrive sont un important réseau de galeries (8 km) qui communique avec les célèbres Grottes des Trois-Frères et de Niaux. Hercule, se rendant en Espagne, y trouva une princesse, nommée Pyrène, et la séduisit. Mais la nécessité de mener à bien l'un de ses travaux l'entraîna au loin et il abandonna la jeune fille. De désespoir, elle partit dans la forêt et se laissa dévorer par les bêtes fauves. Cependant, Hercule, qui avait de l'amour pour elle revint. Il apprit son sinistre destin. Fou de douleur, il se mit à accumuler des roches les unes sur les autres, formant un amas imposant, qui s'appelle depuis la Chaîne des Pyrénées. Dans ces grottes, on peut admirer le Tombeau de Pyrène et le Trône de Berryx, son père.

Aube (10)

Clairvaux

Abbaye cistercienne fondée par saint Bernard* (XIIe siècle) et devenue prison depuis Napoléon Ier.

Nogent-sur-Seine

Vestiges de l'abbaye du Paraclet (XIIe siècle) où résida Abélard, l'un des plus grands philosophes chrétiens du Moyen Âge, amant malheureux d'Héloïse, son élève, qui se fit moine après que l'oncle d'Héloïse, un abbé, l'eut fait émasculer. Église Saint-Laurent en gothique flamboyant.

Orient

La forêt d'Orient fut le siège d'une des premières commanderies templières. Une charte de 1181, signée de la duchesse de Troyes, donnait la forêt à l'ordre créé par Hugues de Payns, lui-même originaire de la région. Plusieurs historiens ont émis l'hypothèse que, lors de la persécution des Templiers par Philippe le Bel, leur trésor aurait été mis en sûreté quelque part dans cette forêt d'Orient, qu'ils connaissaient dans ses moindres taillis. Le trésor y est-il encore ? Depuis 1905, la partie basse de la forêt a été inondée par un lac afin de servir de réserve pour régulariser les eaux de la Seine.

Troyes

Capitales des Gaulois Tricasses, évêché médiéval. Église Sainte-Madeleine des XII-XVIe siècles. Cathédrale Saint-Pierre-et-Saint-Paul des XIII-XVIe siècles. Église gothique Saint-Urbain.

Aude (11)

Capendu

Le fameux trésor des Wisigoths, après avoir ravagé Rome, les Wisigoths vinrent s'installer des deux côtés des Pyrénées, aurait-il été enfoui dans la Montagne d'Alaric ?

Carcassonne

Oppidum fortifié par les Romains, puis par les Wisigoths. Leur roi Théodoric aurait fait bâtir la première cathédrale. La nef romane de l'église Saint-Nazaire date du XIe siècle, les transepts et chœurs gothiques du XIIIe siècle. L'église Saint-Vincent, gothique, est du XIVe siècle. Quant aux fortifications, restaurées par Viollet-le-Duc vers 1850, elles datent selon les enceintes, du VIe, VIIIe, et XIIIe siècles. Longtemps, la tradition de la chasse au roitelet, en décembre, s'y est perpétuée. Les fêtes se terminaient par la procession du roi et de l'oiseau mort, pour l'Épiphanie. Ces pratiques remontent à l'époque protohistorique où un roi de substitution mourait à la place du roi, au moment des fêtes de Nouvel An, en relation avec le solstice et la montée du soleil.

Il est aussi question du trésor des wisigoths à Carcassonne (ils en firent l'une de leurs places fortes), jeté dans un puits. À moins que ce soit un trésor templier, ou un trésor cathare, lorsque les troupes de Simon de Monfort assiégèrent la ville.

Fanjeaux

Saint-Dominique y combattit l'hérésie cathare et y eut l'idée de son ordre monastique. Église du XIIIe siècle. Basilique Notre-Dame de la Prouilhe. Église Sainte-Basile (portail roman) du XIIIe siècle.

Fontfroide

Abbaye cistercienne du XIIe siècle. C'est là que le légat du pape Pierre de Castelnau prépara la croisade contre les cathares, laquelle fut lancée après son assassinat.

Laroque-de-Fa

Nécropole mégalithique de La Clape.

Montferrand

Près de la Bastide-d'Anjou, trois pierres sont alignées. Elles grandissent lentement, prétend-on. Quand elles se rejoindront, ce sera la fin du monde.

Quéribus (Château de)

Ruines du dernier bastion cathare, conquis en 1255.

Rennes-le-Château

À la Belle Époque, l'abbé Saunière, curé de la modeste paroisse de Rennes-le-Château, s'engage dans des dépenses somptuaires pour refaire son église, qu'il orne d'allégories peu « catholiques », pour faire bâtir une bibliothèque dans une tour crénelée et goudronner une route à son usage personnel, car il est le seul possesseur, dans la contrée, d'une automobile. A-t-il, dans une tombe, retrouvé un trésor ? Celui des Mérovingiens, première lignée royale de France ? Il mourra avec son secret, que de nombreux chercheurs ont tenté d'élucider, et dont le romancier Dan Brown s'est inspiré, pour certains épisodes du Da Vinci Code.

Rennes-les-Bains

Tombes carolingiennes et église romane.

Aveyron (12)

Conques

Importante étape, dès l'époque carolingienne, sur la route des pèlerins de Compostelle, l'abbaye de Conques (restaurée par Mérimée) abritait les reliques de Sainte-Foy, une martyre du IIIe siècle, qui rendaient la vue aux aveugles et la fertilité aux femmes stériles, ainsi qu'un trésor d'ex-voto et d'objets précieux déposés par les fidèles. Trésor qui aurait été enfoui lors des guerres de Religion, puis ressorti, puis « égaré » afin que les révolutionnaires ne s'en emparent pas. Si on a retrouvé les reliques au début XIXe siècle, après que Napoléon ait ramené la paix religieuse, on cherche encore le trésor, car les sceptiques doutent qu'il ait été rendu dans son intégralité...

Foissac

Grotte-musée.

La Couvertoirade

Les templiers, au XIIe siècle, s'installèrent dans une ancienne abbaye bénédictine et en firent un village fortifié, inchangé depuis.

Peyreleau

Le seigneur de Peyreleau, catholique, tendit en 1628 une embuscade, sur la route de Millau, aux troupes du duc de Rohan, protestant. Le sort des armes lui ayant été favorable, il s'empara, après la déroute des parpaillots, de leur butin. Il en utilisa une partie pour l'entretien de son château, et mit le reste à l'abri. Et, chose rare dans les histoires de trésor, cette partie fut retrouvée en 1793, lorsque les gens de Millau investirent le château, sous un escalier : deux caisses de pièces d'or et d'argent. La République saisit le magot. Mais était-il entier ? Le reste est à découvrir.

Bouches-du-Rhône (13)

Aix-en-Provence

Cité romaine fondée en 122 av. J.-C., capitale de la Provence jusqu'au rattachement de cette province à la France en 1481. Musée Granet, où sont exposées les célèbres « têtes coupées d'Entremont » vestiges du peuple gaulois local chassés par les Romains. Saint Basile, invoqué contre les douleurs hémorroïdales, fut évêque de la ville au Ve siècle. Cathédrale Saint-Sauveur des XI-XIIe siècles. Vestiges médiévaux. Hôtels XVII-XVIIIe siècles. Le buste en or massif du roi René, datant du XVe siècle, serait caché sous les ruines gallo-romaines d'un oppidum sur la colline de Puysicard.

Arles

Colonie grecque, puis citée romaine, et siège de plusieurs conciles sous les premiers chrétiens... Nombreux vestiges gallo-romains (arènes, thermes...). Nécropole des Alyscams. Ancienne cathédrale et cloître roman Saint-Trophime XI-XVe siècles.

Baux de Provence

Bourg médiéval fortifié, détruit par Louis XIII et Richelieu lors des révoltes protestantes. Vestiges du XVIe siècle. Au Val d'Enfer, un chef sarrasin en fuite aurait caché le fruit de ses rapines.

Châteauneuf-les-Martigues

Site préhistorique.

Fontvieille

Site préhistorique : hypogées. Ces hypogées de la montagne de Cordes ont suscité des légendes avec une

Chèvre d'or, une Couleuvre-Fée, et aussi des Sarrasins. Le Trou-aux-Fées est un endroit mystérieux, visité depuis des temps immémoriaux. Nombreux sont ceux qui ont descendu les marches de cet antre obscur. Le premier qui s'y installa était un sage lisant dans les étoiles la marche du futur ; il dormit des siècles durant sur un oreiller de pierre. À sa suite entra le dernier dragon de la terre, originaire d'Asie et oublié de sainte Marthe. Cet hôte, bien qu'encombrant, fut toléré par les fées, et devint le gardien d'un trésor arrivé là on ne sait quand ni comment. Un jour, le sage sortit de son sommeil pour annoncer qu'un damoiseau s'était mis en tête d'estoquer le dragon pour lui enlever le trésor ; les bonnes fées, qui aimaient leur dragon comme un brave animal domestique, en furent toutes émues.

Elles confièrent à la plus jeune, Millète, qui n'avait que trois-mille ans d'âge, la mission de sauver le trésor et, si possible, le dragon. Déjà le jeune homme avait enfumé la caverne, pour obliger le monstre à sortir de son trou. Millète ne parvint pas à réveiller le dragon, qui venait d'avaler un taureau camarguais. Alors, elle se résolut à séduire le jouvenceau, afin de le détourner de ses projets. Elle alla dans la garrigue, parée de ses plus beaux atours... Mais ses charmes restèrent inopérants et le damoiseau refusa même de lui prêter son manteau pour la protéger du mistral qui venait de se lever. Elle le convia alors à venir admirer ses trésors. Ils pénétrèrent dans un monde de plus en plus lumineux et vaste. Tant de richesses laissèrent pourtant le jeune homme de marbre. Il parcourut aussi la galerie des talismans en les refusant tous. Millète n'avait plus que deux objets à lui proposer : un trône royal et une selle magique, qui lui permettrait de dompter le fabuleux cheval Passeroun avec lequel il pourrait pourfendre le dragon, et s'attirer une gloire éternelle.

Il choisit la selle et dès le lendemain, mit à mort le dragon, prenant ensuite le nom de Dragonet de Montdragon. Il aurait ensuite épousé une fée, la Dame Vierne de Balazuc (07). Peut-être était-ce Millète, qui, après l'échec de sa mission, avait préféré prendre une autre identité ?

La Ciotat

Légende de la cité engloutie, avec, ici, pour variante, un bœuf marin qui hante les ruines et sort, parfois, la nuit, pour aller dans les vignes se repaître de raisins.

Istres

Site préhistorique : abri Cornille.

Jouques

Site préhistorique : grotte de l'Adaouste (magdalénien).

Marseille

Crée au VIe siècle av. J.-C. par des Grecs, Masalia fut fédérée à l'Empire romain et connut un grand essor lors des croisades. Vestiges gréco-romains. Basilique Saint-Victor du XIe siècle sur l'emplacement d'une abbaye du VIe siècle. Église romane Saint-Laurent. Site préhistorique immergé : la grotte Cosquer.

Roquepertuse

Site archéologique avec sanctuaire celto-ligure (III-IIe siècles av. J.-C.)

Rousset

Vers 1210, Gervais de Tilbury fit le récit suivant : le seigneur Raymond de Rousset se promenait à cheval, le long de l'Arc, lorsqu'il rencontra une dame d'une grande beauté, montée sur un palefroi richement orné. Il se permit quelques propos osés et celle-ci répondit qu'elle lui accorderait ses faveurs quand ils seraient unis par les liens du mariage. Il accepta, malgré la clause restrictive, de ne pas chercher à admirer son épouse nue. Richesse et honneurs le combleraient tant qu'il respecterait ce serment ; sinon, ce ne serait plus que misère... Des années durant, il demeura fidèle au pacte, mais un jour, en rentrant de la chasse, il ne put résister au plaisir de contempler sa femme dans son bain. Il souleva le rideau et entrevit une « serpente » qui s'enfonça aussitôt dans les eaux et disparut à jamais. Cette première version du mythe de la fée Mélusine fut reprise par la famille de Lusignan (86).

Saint-Estève-Janson

Site préhistorique : grotte de l'Escale.

Saintes-Maries-de-la-Mer

Église romane fortifiée du XIIe siècle. C'est sur le littoral provençal de cette bourgade qu'aurait débarqué, peu après la mort et la résurrection du Christ, Marie-Madeleine, Marie-Jacobé (sœur de la Vierge Marie) et Marie-Salomé (mère des apôtres Jacques et Jean), ainsi que leur servante, Sara, dont les Gitans firent leur patronne et en l'honneur de laquelle ils se livrent, au mois de mai, à un important pèlerinage. Cette première légende s'accompagne d'une autre, beaucoup plus iconoclaste : la barque ne contenait pas que des femmes, mais aussi des hommes, Lazare, Trophime, Maximin, et... Jésus lui-même, qui épousa Marie-Madeleine ; de leur lignée seraient nés les rois mérovingiens, sans que les chantres de ce récit expliquent comment les fils de Jésus aient pu monter de la Provence jusqu'aux bords du Rhin pour se retrouver guerriers francs... Concernant Marie-Madeleine, et une troisième légende, voir Sainte-Baume, Var, 83.

Saint-Mitre-les-Remparts

Site gallo-romain.

Tarascon

La Tarasque à laquelle Tarascon doit son nom, à moins que ce ne soit le contraire, est ainsi décrite par Jacques de Voragine, évêque de Gènes et auteur de la *Légende dorée*, au XIIIe siècle : « *en ce temps, il y avait un dragon, mi-bête mi-poisson, plus gros qu'un bœuf et plus long qu'un cheval, avec des dents aiguës comme des épées et deux cornes* ». Comme ses congénères, il se nourrissait de chair humaine et faisait de tels ravages que les habitants de la ville vinrent se plaindre à sainte Marthe, qui l'attacha simplement avec sa ceinture pour le rendre inoffensif...

Trets

Site préhistorique : nécropole de La Bastide.

Calvados (14)

Condé-sur-Noireau

Une caverne, le Trou-aux-Fées, sert de repaire à des Dames blanches, fées qui dansent toute la nuit sur les rochers. Elles hantent aussi les cimetières, et quand on les voit, cela signifie qu'un proche va mourir. Elles sont les ombres de la destinée. La Pierre-Grise indique l'emplacement d'un trésor, gardé par un lièvre gigantesque.

Ernes

Site préhistorique : tumulus.

Falaise

C'est au château de Falaise que naquit Guillaume le Conquérant, fruit des amours d'Arlette, la fille d'un tanneur, avec le duc de Normandie, Robert Ier le Magnifique, dit plus tard le Diable, à cause d'un caractère excessif et d'un comportement peu chrétien (il aurait empoisonné son frère pour régner à sa place). Il mourut sur la route de Jérusalem où il était parti expier ses crimes. Auparavant, il avait caché un trésor, fruit de ses rapines et de ses exactions, à Falaise, mais, dans son agonie, refusa de dire où... Peut-être sous la Pierre Ronde, un rocher des environs gardé par des fantômes, créatures aussi diaboliques que le duc de Normandie ; fantômes qu'on peut voir danser autour du rocher, à minuit, les nuits de brume. Selon d'autres légendes (on ne prête qu'aux riches), le trésor de Robert le Diable dormirait dans les souterrains sous le château de *La Bouille* (76). Enceinte et château des XII-XIIIe siècles. Église Renaissance de la Trinité.

Fontenay-le-Marmion

Site préhistorique de La Hogue, et de la Hoguette.

Livarot

Sous les quelque deux mètres de la Pierre Tournante de Livarot, il y aurait un trésor... Avec, bien sûr, un dragon pour le garder, que l'on peut surprendre, lui aussi, alors que sonnent les douze coups de la messe de minuit, la nuit de Noël... Cette pierre servait aussi, cette même nuit – le dragon, bon prince, laissait faire ! – de « *pierre à mariage* » : ceux qui passaient dessus étaient sûrs de se marier durant l'année suivante. L'évêque de Lisieux, sous le règne de Louis XV, fit interdire cette pratique.

Lisieux

Capitale des Gaulois Lexoviens. Église Saint-Pierre des XII-XIIIe siècles. Lieu de pèlerinage.

Périgny

Loge, dans la falaise rocheuse, un facétieux Godrille (lutin) qui poursuit les passants attardés et les entraîne parfois à leur perte, lorsqu'il n'est pas de bonne humeur.

Saint-Sever-Calvados

Gargantua est venu mourir ici et on a dû l'enterrer sur place, afin d'éviter la peste. Sa tête forme le Grosmont, tandis que son corps a envahi la vallée de Landelle et s'étend sur plusieurs communes.

Thaon

À la Pierre-Tourneresse, qui est mobile comme son nom l'indique, reviennent les fantômes des treize porcelets et d'une truie qui, jadis, dévoraient les enfants. Si on a le courage de se rendre sur ces lieux, à la nuit tombée, on est assuré de se marier dans l'année. La truie évoque la Déesse-Mère du temps des Celtes, mais aussi, avec ses porcelets, le nombre 14, celui de la Lune.

Cantal (15)

Aurillac

Les paillettes d'or scintillant dans la rivière de la Jordane ont donné son nom à la préfecture du Cantal et l'essor à bien des histoires de trésors. Ainsi, on attribua au moine Gerbert, devenu le pape de l'an Mil sous le nom de Sylvestre II le pouvoir de transmuter l'eau en or. Élu pape en 999, il avait été, fils de berger, élevé par des moines d'Aurillac. C'est parce qu'il avait étudié les mathématiques auprès de maîtres arabes, en Espagne, qui acquit une réputation de sorcier). On raconte aussi qu'un drac (dragon) hante une antique nécropole d'Aurillac.

Brezons

Tradition de la chasse infernale, dans les forêts de Malbo, certains ont cru voir une meute innombrable, haletante et la gueule enflammée, suivie d'un Grand Veneur, costumé d'écarlate, frappant de ses os cliquetants le sol et roulant des yeux de braise.

Chaudes-Aigues

Baptisée Calidae Aqua par les Romains, la ville était déjà connue des Gaulois pour l'eau chaude qui jaillissait de ses sources et soignait arthrose, rhumatismes et goutte…

Jabrun

Trois blocs rocheux forment un amoncellement, la Caverne de Saint-Pierre, qui a pu servir de lieu sépulcral à la protohistoire. Près d'eux, sous un ormeau sacré, on rendait la justice, jusqu'à ce qu'un seigneur voisin en prenne ombrage et fasse abattre l'arbre pour s'en faire une armoire.

La Chapelle-Laurent

Sur les pentes du volcan du Suc de la Pèze, les chats se livrent à des rondes infernales, à minuit, à l'invite du diable. Il se disait que les nombreux rochers des environs étaient des caches pour de légendaires trésors... Jusqu'en 1908, lorsque des carriers découvrirent un vase contenant, en effet, un millier de pièces de monnaies gauloises...

Lascelle

Au bord de la rivière de la Jordane, qui charrie des paillettes d'or, une ondine aux chants plaintifs, à l'instar de la Lorelei des bords du Rhin, apparaît aux mortels pour les perdre. La superstition populaire a tracé un cercle invisible autour de la grotte qu'elle occupe, afin que nul berger ne tombe dans ses pièges. On a débaptisé cette caverne qui est devenue la Grotte des Huguenots, lesquels surmontèrent les superstitions pour s'y réfugier, lors de persécutions.

Mandailles-Saint-Julien

Ici sévit un lutin maléfique, ou génie des eaux, protecteur d'une cascade, Lou Pissa del Luz (la chute de lumière). Tout voyageur devait faire le détour pour l'admirer, faute de quoi il lui arrivait malheur : son repas avait mauvais goût, son vin tournait à l'aigre, son pain durcissait et, ce qui était bien plus grave, il risquait de perdre sa fortune.

Saint-Flour

Cathédrale du XVe siècle. Sites préhistoriques dans les environs, avec des dolmens et des tumuli, notamment aux Ternes, datant de la fin du néolithique (Tombe du Capitaine, menhir de la Pierre Plantade, Table aux Loups...), au sud-ouest de Saint-Flour.

Près du vieux pont sur l'Amber existait une loge exiguë dans laquelle se laissaient enfermer volontairement des « recluses » qui y finissaient leurs jours, emmurées vivantes, à prier pour le salut des hommes en général et de la ville en particulier. La première des recluses fut enfermée en 1371, avec la bénédiction de l'évêque, afin de sauver, par ses prières, la ville des bandes à la solde des Anglais (c'était pendant la guerre de Cent Ans) qui ravageaient la contrée. La tradition se perpétua jusqu'à la fin du XVIe siècle, et soixante-treize recluses se succédèrent dans ce cachot.

Massiac

Gargantua assoiffé s'est désaltéré dans le lit tout proche de l'Alagnon, un pied posé sur l'éperon de Saint-Victor et l'autre sur celui de Sainte-Madeleine. Ces deux falaises balsatiques, dont les sommets ont été occupés dès la préhistoire comme sites défensifs, ferment la vallée en un étroit goulet. On raconte que les fantômes des Gaulois morts dans un héroïque combat contre Jules César (qu'aucun texte ne mentionne) hantent des lieux tels que le Camp de Madame, le Gour de Boudiou… Un cavalier tout de blanc vêtu sur un cheval immaculé, lui aussi, apparaît parfois aux promeneurs.

Molèdes

Non loin du Riou des Fades (le ruisseau des fées) se dresse le Rocher de Saint-Roman. Un dimanche des Rameaux, il s'ouvrit au moment de la messe. Une femme et sa fille, ramassant du bois mort, virent le trou béant. La fillette s'engouffra à l'intérieur, attirée par l'éclat d'un tas d'or. Le rocher se referma aussitôt. En larmes, la mère demanda secours au curé, qui lui conseilla de verser des oboles afin que son enfant soit bien traitée, et lui promit que les Fées la libéreraient l'année suivante. Effectivement, le rocher rendit sa proie au jour dit.

Molompize

Dans la grotte du Cavalier, qui a la particularité d'être entièrement éclairée à midi et ainsi de servir de cadran solaire, vit le Dra (dragon), un étrange cheval qui invite les enfants à monter sur son dos pour les précipiter dans les abîmes du haut des falaises basaltiques.

Saint-Mary-le-Plain

Sur le Mont-Journa (quelques liens avec Jupiter ?) se trouve la Chaise de Saint Mary, un rocher taillé en forme de siège (Pierre à empreintes).

Saint-Simon

Sur le Puy des Dames, les fées dansaient autrefois. Un homme fit le pari d'aller se joindre à elles et il se munit de sa cornemuse. Les plus farouches disparurent, mais deux d'entre elles se firent si provocantes qu'il les suivit, oubliant toute prudence. Par ruse et coquetterie, elles le conduisirent jusqu'à l'aplomb d'une falaise d'où le malheureux tomba dans le vide.

La Font de Gaël (Fontaine), bien que dédiée à la Vierge, voit de curieuses apparitions de fées, lutins ou dracs. Un cercle magique apparaît à proximité, chaque fois qu'un voyageur imprudent dérange le sommeil de la fée : des pierres se dressent, barrière infranchissable de l'enceinte sacrée, nommée Castel Viel ou Castel de la Trêve, parfois visible quand la lune grandit dans le ciel.

Charente (16)

Bayers

Les fondations de l'ancien château abriteraient une marmite pleine de pièces d'or mises là au Moyen Âge, lors d'une guerre locale...

Confolens

Un trésor enterré dans un trou du Rocher de Frochet y était gardé par une mandragore vivante ; laquelle, voulant se nourrir de chair fraîche, se jeta sur une bergère. Mais elle n'avait pas prévu la réaction du soupirant de la pastourelle, qui assomma le monstre avec son bâton et le noya dans l'étang des Pérites. Tout à consoler la belle de sa frayeur, il en oublia d'aller chercher le trésor désormais sans protection. Il est toujours dans son trou, sans doute bouché depuis par l'érosion... La mandragore, ordinairement, n'était pas un monstre, mais une racine à formes humaines qui croissait sous les gibets (on croyait que c'était le sperme des pendus qui la faisait pousser) ; les sorciers l'utilisaient pour lancer des maléfices, ou pour guérir. Émile Roux, enfant de Confolens, n'était pas sorcier, mais médecin. Ce disciple de Pasteur mit au point, sans mandragore, le sérum antidiphtérique.

Luxé

Site préhistorique : dolmen de la Folatière.

Mouthiers

Site préhistorique : abri de la Chaire-à-Calvin.

Ronsenac

Le dolmen de Chez-Vinaigre sert de tombe aux fées. À

la venue du Christ, Dieu accorda aux fées des sépultures de diamant, mais des hommes mauvais les profanèrent et elles se transformèrent en simples pierres.

Charente-Maritime (17)

Aytré

La Bête Ro, sorte de dragon ailé et couvert d'écailles vivait dans un puits, caché sous une pierre. Sa nourriture préférée était la chair humaine. Un jour, la marée amena une barque avec sept héros pleins de courage, armés d'arcs et de flèches. Les volées crevèrent ses yeux, percèrent ses oreilles et ses naseaux et lui clouèrent la bouche. Le monstre est maintenant prisonnier d'un cercle de sept pierres, au fond d'un gouffre insondable. De temps à autre, il réveille des tempêtes. En surface, une tombelle de l'âge du fer et deux chemins hantés, celui de la Vieille chèvre et celui de la Galipote rappellent cette histoire.

Bourgneuf

Le premier château fort aurait été érigé sous Charles Martel, et dans ses soubassements ou ses souterrains obstrués, un trésor attendrait son découvreur.

La Brousse

Une jeune fille, pas totalement innocente, était amoureuse d'un suppôt de Satan, avec la complicité de son père, qui avait arrangé ses noces. Mais il s'éleva un terrible ouragan et tous périrent. Depuis ce temps, partout où la sueur du Diable a perlé pousse une herbe si amère que les moutons la dédaignent.

Meschers-sur-Gironde

Les falaises sont truffées de grottes et l'une d'entre elles servit de repaire au Diable. On le voyait, déguisé en pirate et naviguant sur une barque conduite par un bouc noir aux cornes étincelantes. Une autre abrite Matata (Matuta est l'aurore celte), qui passait pour un sorcier et qui fut, un jour, emmuré par des paysans peureux !

Saint-Césaire

Site préhistorique (néandertal-paléolithique).

Saint-Georges de-Didonne

La fille du roi perdit son anneau dans la mer. Un marin, la voyant affligée, plongea pour tenter de le récupérer, mais il se noya. Depuis lors, la princesse, inconsolable, a été transformée en romarin, une plante à la fois amère et parfumée (herbe magique).

Saintes

Capitale des Gaulois Santons, concurrente gallo-romaine de Bordeaux, ville-étape sur la route de Compostelle, ville fortifiée d'où le roi d'Angleterre crut pourvoir défier saint Louis, Saintes, dont la basilique, Sainte-Eutrope, fut fondée au IVe siècle, est une ville de trésors. Son abbaye de bénédictines était, paraît-il, très riche, car cette communauté religieuse avait bénéficié des dons des pèlerins. Sous la Révolution, on aurait caché, dans une crypte, un Christ en or massif orné de rubis et d'émeraudes, ainsi que de nombreux objets de culte d'une grande valeur. On n'a toujours pas retrouvé ni la crypte, ni son trésor.

Cher (18)

Bourges

Avaricum, importante cité gauloise ; sa population est massacrée par César. Devenue métropole de l'Aquitaine sous les Gallo-romains, puis capitale des ducs du Berry, et archevêché, avant d'être le refuge de Charles VII à la fin de la guerre de Cent Ans. Cathédrale gothique Saint-Étienne du XIIIe siècle. Hôtel Jacques Cœur* du XVe siècle. Hôtel des Échevins du XVe siècle. Vestiges médiévaux.

Châteaumeillant

Église romane Saint-Genest. Site gallo-romain où l'on a découvert de nombreuses amphores : le vin local était exporté à Rome.

Ennordres

Une bergère (qui savait lire !) trouva, dit-on, un livre de magie et eut l'idée de déclamer quelques formules. Son troupeau l'abandonna pour se mettre à errer et l'on finit par retrouver la jeune fille, inconsciente, dans les bras du Diable.

Un Dragon à sept têtes attendait, chaque année, à la croisée des chemins qu'on lui apporte une jeune fille. Un jour, un cavalier eut le courage d'affronter le monstre, de le battre et de rendre la vierge à ses proches, avant, sans doute, de l'épouser.

Henrichemont

Le Lac-aux-Fées était jadis un endroit sacré que nul ne devait troubler. Si par hasard cela arrivait, les fées déclenchaient une épouvantable tempête.

Parfois, la nuit, ces blanches jeunes femmes, presque fantomatiques, se miraient dans les eaux et la nuit, aussitôt, pâlissait.
Non loin de là, un géant, muni d'une énorme charrue, a tracé un sillon à travers la campagne. Ce fossé fait 10 km de long sur 3 m de large.

Presly

Ce village voit passer, certains soirs, des chasses fantastiques. Il ne s'agit pas du Grand Veneur, mais de serpents volants, qui terrorisent les habitants. Ces créatures semblent très proches des vouivres que l'on rencontre dans les provinces voisines. Il est vrai, dans ce pays de sorciers qu'il suffit d'apporter une poule noire à la croisée des chemins pour obtenir un rendez-vous avec le Diable.

Sainte-Montaine

Il y a dans les environs une fontaine magique dans laquelle Montaine, la servante d'une fermière acariâtre, venait puiser de l'eau. Mais tant va la cruche à l'eau qu'elle se casse : Montaine brisa ses deux cruches. Furieuse, la fermière l'obligea à continuer à faire sa corvée d'eau avec... deux paniers d'osier. Et elle rapporta de l'eau comme si ses paniers étaient devenus étanches. Mais ce miracle ne fut pas le seul ; Montaine se mit alors à prophétiser, chaque fois qu'elle était à proximité de la source. Les gens des environs en déduisirent que c'était une sainte, et un bonheur n'arrivant jamais seul, sa véritable identité fut révélée : elle était la fille (bâtarde ?) de Pépin le Bref, et avait donc pour le frère le grand Charlemagne. L'histoire ignore si elle alla le rejoindre à Aix-la-Chapelle où si elle resta à sa ferme...

Corrèze (19)

Chapelle-aux-Saints

Site préhistorique où fut découverte, au début du siècle, la sépulture d'un homme de Néandertal (-100 000 ans).

Tulle

Cathédrale des XII-XIVe siècles. Maisons Renaissance. Actuellement, une forêt recouvre le vieux Tulle. Un soir d'orage, un voyageur, fourbu et trempé jusqu'aux os avait demandé, en vain, l'hospitalité dans le riche château. Seule une vieille femme, misérable, l'accueillit dans son humble cabane. L'étranger lui demanda de la suivre, sans se retourner, et la ville disparut dans un effroyable fracas. Mais la vieille, trop curieuse, se retourna et fut, à son tour pétrifiée. Le Puy de la Roche demeure la preuve tangible de la véracité de l'histoire, variante de Sodome ou de la cité engloutie.

Corse (20)

Aléria

Cité phocéenne (VIe s. av. J.-C.), carthaginoise, puis romaine.

Calvi

Un gentilhomme corse, fuyant son île lors de son rachat par la France en 1768, aurait jeté dans un puits du château de Moncale plusieurs coffres pleins de bijoux et de pierreries.

Filitosa

Site mégalithique, statues-menhirs (néolithique récent).

Porto-Vecchio

Site préhistorique.

Sartène

Site mégalithique de Palaggiu, et musée pré- et proto-historique. Quartier médiéval.

Vescovato

Ancien village fortifié. Église du XVe siècle.

Côte-d'Or (21)

Alésia

Place forte gauloise, dont la reddition marqua le triomphe de César sur Vercingétorix et ses tribus gauloises coalisées (52 av. J.-C.). Le site en est « officiellement » sur la colline d'Alise-Sainte-Reine. Mais de nombreux archéologues, en s'appuyant sur d'autres interprétations de la *Guerre des Gaules*, contestent ce choix imposé par Napoléon III, et situent Alésia, ville devenue mythique, ailleurs en Bourgogne, ou dans le Jura...

Alise-Sainte-Reine

Siège d'Alésia ou pas, Alise est toujours un lieu de pèlerinage dédié à sainte Reine, sage bergère qui, parce qu'elle repoussait les avances d'un gouverneur romain, y fut martyrisée au IIIe siècle.

Beaune

Ancien sanctuaire gaulois, puis place-forte gallo-romaine. Centre drapier puis ville de négoce de vins. Hôtel-Dieu fondé en 1443. Églises romanes Notre-Dame, et Saint-Nicolas. Hôtel des ducs de Bourgogne des XIV-XVIe s. Sur l'aire de l'autoroute, archéodrome reconstituant la vie préhistorique (et gauloise). Le nom de Beaune a une relation étymologique avec Belenos, dieu gaulois. On y a retrouvé des pierres à empreintes, avec cupules et rigoles, passent pour avoir servi comme autel à sacrifices.

Bretigny

Une vouivre, Lai Sarpan du Bois de Roz, survole parfois la contrée. Pour la reconnaître, il faut savoir qu'elle a un œil de diamant, un anneau à la queue, que ses écailles brillent de mille feux et émettent des sons.

Couches-les-Mines

Un joueur de flûte aurait réussi à faire entrer la vouivre qui dévastait le pays dans un four et se serait sacrifié, rôtissant avec elle pendant 3 jours.

Dompierre-en-Morvan

Gargantua montra ici sa bonté d'âme en venant au secours de l'attelage embourbé d'un meunier, car ce gastronome gros mangeur veillait aussi personnellement sur les semailles les moissons et la meunerie.

Le Fauteuil du Diable est un rocher taillé en forme de siège. Il recouvre un trésor. Le dimanche de l'Ascension, la pierre tourne sur elle-même, laissant entrevoir des richesses fabuleuses.

Duesmes

Quand sévissait la sécheresse, neuf jeunes filles pures entraient, nues, dans la Fontaine Curane et cela faisait tomber la pluie attendue. Réminiscence protohistorique, avec culte lunaire, dont 9 était le chiffre sacré ?

Marcilly-sur-Tille

Site préhistorique sur éperon brarré.

Sainte-Sabine

Au lieu-dit Perrombel (la Belle Pierre), près de Pouilly-en-Auxois, une pierre circulaire, maintenant disparue, passe pour avoir été consacrée à Belenos. D'autres légendes font état qu'elle aurait été apportée par les fées, ou encore qu'elle serait tombée du soleil.

Viteaux

Site préhistorique sur éperon barré : camp de Myard (dit camp de César).

Côtes-d'Armor (22)

Bréhat (Ile de)

Dolmen néolithique. Saint Budoc et ses moines irlandais y fondèrent au Ve siècle le premier monastère breton.

Paimpol

« J'aime Paimpol et sa falai-aise / Son église et son grand pardon / J'aime surtout la Paimpola-aise / Qui m'attend en pays breton... » L'œuvre du chansonnier Théodore Botrel, ami des peintres de Pont-Aven, qui avait sans doute lu « Pêcheurs d'Islande », de Pierre Loti, qui y situe le port d'attache de ses héros, est source d'un quiproquo géologique : il n'y a pas de falaise à Paimpol, ancien port morutier situé en Bretagne, et non dans le Pays de Caux.

Plestin-les-Grèves

Église du XVIe siècle. Site préhistorique : Champ des Roches, dit *Cimetière des Druides.*

Plouaret

Site préhistorique : allée couverte des Sept Saints.

Plougrescant

On raconte qu'au Port Blanc, les Korrigans (nains) habitent dans un rocher. La princesse d'Ys, Mary-Mor-Gan (ou Ahès) s'y montre aussi, suivie d'une baleine. Quant à l'île de la Vieille-Fille, elle abrite une fileuse sans âge (fée).

Quintin

Site mégalithique. Vestiges de fortification du XVe siècle.

Tréburden

Site mégalithique.

Trégastel

Site mégalithique.

Creuse (23)

Boussac

Château du XVe siècle confisqué par François Ier. Dans la lande voisine, les Pierres Jaumâtres, un amas rocheux où George Sand venait se promener. C'était, il y a bien longtemps, le riche domaine de la fille du roi Arthur. La belle avait promis son cœur au meilleur des chevaliers, et s'amusait à les faire s'entretuer entre eux pour ses beaux yeux. Jusqu'à ce que les dieux celtes s'émeuvent de ces duels qui détournaient la fine fleur de la chevalerie de la quête du Graal : ils transformèrent château et domaine de la fille d'Arthur en rochers, et elle avec. Un chevalier des temps modernes pourrait éventuellement la faire revenir à son état initial, maintenant que les dieux celtes sont partis, et qu'il y a prescription, mais comment savoir dans quel rocher elle se trouve ? À moins de les embrasser tous, à la façon du prince charmant réveillant la Belle au bois dormant...

Dordogne (24)

Beaumont

À plusieurs reprises, on a trouvé des pièces d'or gauloises à Beaumont. En reste-t-il encore à déterrer ? Bastide fondée en 1272 par les Anglais. Église fortifiée du XIIIe siècle.

Brantôme

Un coffre plein de pierres précieuses serait caché dans le mur du château, à moins qu'il n'ait été dissimulé près de la grotte dite le Trou de la Statue car on y trouvait celle de Mercure avant qu'elle ne soit jetée à terre par l'intransigeant saint Front, évangélisateur de la contrée périgourdine. Abbaye fondée par Charlemagne. Clocher roman du XIe siècle.

Chancelade

Site préhistorique : découverte à la fin du XIXe siècle d'un squelette magdalénien. Église romane du XIIe siècle. Vestiges d'une abbaye du XIIe siècle.

Eyzies-de-Tayac-Sireuil (Les)

La « capitale » de la préhistoire. Sites paléolithiques. Musées. Église fortifiée des XI-XIIe siècles.

Lalinde

Dans la vallée de la Dordogne vivait caché dans une caverne un monstrueux dragon qui asséchait la rivière et dévorait impunément les troupeaux. Il fut tué par saint Front, qui mit également à mort le serpent Colibri (Colobre, la couleuvre ?).

Lascaux

Grotte paléolithique riche en peintures animales, « chapelle Sixtine de la préhistoire », découverte en 1940 par quatre gamins partis à la recherche de leur chien, tombé dans un trou... La vallée de la Vézère est très riche en sites préhistoriques. Nombre d'archéologues amateurs rêvent, au hasard des promenades, dans cette région, de trouver des pierres taillées, ou des ossements...

Périgueux

Cité des Gaulois Pétrocores, puis ville gallo-romaine dont il reste des vestiges de remparts, la Tour de Vésone et un amphithéâtre. Cathédrale Saint-Étienne du XIIe siècle. Cathédrale Saint-Front du XIe siècle, restaurée XIXe siècle. Maisons anciennes. Musée de la préhistoire.

Rouffignac

Site préhistorique. Grotte avec peintures rupestres (magdalénien). La célèbre grotte aux mammouths abriterait le tombeau de Gargantua. Rouffignac est le pays du Soleil, alors que Savignac-de-Miremont, tout proche, est consacré à la Lune. Un matin, les hommes lassés d'attendre la venue du soleil eurent l'idée d'aller le chercher avec de nombreuses charrettes tirées par des bœufs. Ils en revinrent effectivement avec des brassées de lumière.

Savignac-de-Miremont

Près de la fontaine intarissable de Font-du-Roc, que les hommes tentèrent de capter à l'aide d'un simple fil, on voyait apparaître, au premier rayon de lune, une fileuse nue dévidant sa quenouille. Une incarnation de la Lune ?

Le village de Puyvendran se désolait des nuits sans lune et les habitants décidèrent de la capturer. Comme elle se mirait dans une mare, ils envoyèrent une truie, qui l'avala aussitôt. Ils se mirent à tirer sur la queue de la pauvre bête, qu'ils arrachèrent. Depuis, on se moque de ces « gobeurs » de Lune !

Doubs (25)

Arc-et-Senans

Site célébre pour la saline royale qu'y édifia l'architecte Nicolas Ledoux entre 1774 et 1779 : nourri de la philosophie des Lumières, il voulait y établir une « cité idéale », bâtie comme un cercle, mais ne put mener à bien ses ambitions.

Avoudrey

La plus belle de toutes les vouivres de Franche-Comté s'y trouve, parée d'escarboucles et de perles. La nuit de Noël, elle vient à la fontaine, quitte un instant ses atours et boit. Il faut savoir opportunément être là, pour s'emparer de ses joyaux sans être vue d'elle.

Baume-les-Dames

Légende rare que celle du basilic (serpent), né de l'œuf de coq couvé par un crapaud. Cet animal a le don de tuer quiconque le regarde et ce fut le sort des nonnes de Randoire qui furent toutes furent pétrifiées, à l'exception d'une seule, un peu coquette, qui tourna son miroir vers le monstre, lui renvoyant sa propre – et terrifiante – image. Version locale de la Gorgone se mirant dans le bouclier étincelant de Persée. Vestiges d'une abbaye bénédictine du VIIIe siècle.

Besançon

Cité des Gaulois Séquanes, occupée par César, elle fut, sous Charles Quint, une ville importante de son empire. Capitale de la Franche-Comté, elle fut fortifiée par Vauban après son rattachement à la France. Palais Granvelle du XVIe siècle. Cathédrale Saint-Jean des XI-XVIIIe siècles. Demeures des XVIe et XVIIIe siècles.

Mouthiers-Haute-Pierre

Dans ce haut lieu légendaire près de la source de la Loue, s'ouvre une grotte, domaine d'une vouivre volante, qui traverse le ravin jusqu'à la Chaudière d'Enfer.
Non loin de là, le Rocher du Moine-Blanc, percé, porte la trace du doigt de Gargantua. Il a pour particularité de laisser passer un rai de lumière le jour de la Chandeleur.

Osselle

Les grottes d'Osselle, dans une falaise qui surplombe le Doubs, servirent fréquemment de refuge et même, sous la Révolution, de lieu de culte : les prêtres réfractaires y célébraient la messe. Certains furent-ils tentés d'y cacher des trésors ?

Drôme (26)

Donzère

Musée de la préhistoire. Les Donzelles de Donzère (fées) étaient deux rochers, dressés l'un près de l'autre, au bord du Rhône, et qui inspirèrent Racine :

... Ces nymphes sont des gros rochers / Auteurs de mainte sépulture, / Et dont l'effroyable figure / Fait changer de figure aux plus hardis rochers...

Hauterives

Palais idéal du facteur Cheval. Pendant une trentaine d'années, le facteur Cheval, une fois effectuée sa tournée d'une trentaine de kilomètres, parcourait la campagne avec sa brouette à la recherche de cailloux de forme insolite, afin de bâtir un palais tout aussi insolite, long d'une trentaine de mètres. Immortalisé par les surréalistes, Ferdinand Cheval s'éteignit en 1924.

Nyons

Une belle légende... météorologique dans l'histoire de cette bourgade. Saint Césaire, évêque d'Arles au VIe siècle, ayant appris que Nyons, qui faisait partie de son diocèse, souffrait de la canicule, il alla au bord de la Méditerranée, et ouvrit son gant au vent, certainement le Mistral. Quand il fut plein d'air, il le referma prestement, et s'en vint à Nyons. Là, il le jeta contre une falaise. Sous le choc, le rocher s'ouvrit miraculeusement et de l'ouverture souffla un vent frais désormais local, le pontias.

Vassieux-en-Vercors

Site et musée préhistoriques.

Eure (27)

Bernay

Abbaye bénédictine fondée en 1033. Forteresse du XIIe siècle. Un trésor (vaisselle d'argent d'avant la période romaine) fut exhumé en 1830 dans les environs.

Berthouville

Les ruines de deux temples, l'un dédié à Mercure, l'autre à Maïa, ainsi qu'un amphithéâtre gallo-romain y ont été mis à jour. En 1850, un laboureur trouva dans son champ des poteries, vases et statuettes antiques.

Bezu-la-Forêt

Pierre qui tournait tous les cent ans et recelait un trésor. Un paysan voulut s'en emparer, mais la pierre se vengea et il fut enterré vivant.

Château-Gaillard

Vestiges du château fort érigé par Richard-Cœur de Lion et gagné, bien « qu'imprenable » par Philippe-Auguste, après huit mois de siège. Henri IV fera démanteler la forteresse qui aura servi de prison aux épouses infidèles des rois maudits Louis X le Hutin et Charles le Bel. À proximité, aux Andelys, église Notre-Dame, des XIIIe XVIIe siècles.

Dampmesnil

La Pierre-Branlante est un rocher proche de deux menhirs couchés. Traditionnellement, elle allait boire à la source de Cacaux-Rouge pour la Noël et tous ceux qui la croisaient étaient transformés en bête fauve ou pétrifiés.

Gisors

Bâti par Guillaume le Roux, fils de Guillaume le Conquérant, en 1097, le château fort de Gisors verra, pendant deux siècles, ses remparts tenus alternativement par des garnisons anglaises et françaises. Puis ses tours servirent de prisons. À des templiers et, plus tard, à un alchimiste qui aurait tenté de faire de l'or pour Louis XI... Tours dont les caves s'ouvraient sur des souterrains... D'où diverses légendes sur des trésors qui y seraient cachés. D'ailleurs, en 1970, des ouvriers qui creusaient une canalisation à proximité du mur du château ont mis à jour un vase de bronze contenant des monnaies anglaises du XIIIe siècle. Château des XI-XIIe siècles. Collégiale Saint-Gervais-et-Saint-Protais des XIII-XVIe siècles.

Eure-et-Loir (28)

Anet

Diane de Poitiers, maîtresse de Henri II, aurait caché les nombreux bijoux qu'elle aurait reçus du roi dans son château (bâti sur les ruines d'une forteresse médiévale), lui aussi don de son royal amant, afin de les soustraire, à sa mort, à la rapacité de Catherine de Médicis, épouse légitime devenue régente à la mort de son mari, provoquée par un coup de lance dans l'œil lors d'un tournoi. À moins que la favorite n'ait mis son trésor sous la protection involontaire de l'Église, dans un pilier creux de la chapelle du château. Son emplacement serait indiqué par des signes gravés sur la clef de voûte, ou sur une pierre funéraire du cimetière voisin, signes déchiffrables à partir de la position des étoiles pendant la nuit de Noël...

Bonneval

Vestiges de l'abbaye Saint-Florentin, fondée au IXe siècle, pillée par les Normands, puis pendant la guerre de Cent Ans, par les Anglais et détruite au XVIe siècle par le prince de Condé.

Chartres

Anciennement Autricum, capitale des Gaulois Carnutes. La cathédrale Notre-Dame est un chef-d'œuvre de l'art gothique, construite au XIIIe siècle. Le célèbre sanctuaire dédié à la Vierge a été bâti sur des vestiges préhistoriques (dolmen), puis gallo-romains, liés à un puits sacré et à un réseau tellurique. Au IIIe siècle, les premiers chrétiens auraient trouvé une statue patinée par le temps, la Vierge Noire. Ils construisirent une église autour de la Grotte des Druides, rebaptisée « Puit des Saints-Forts », afin, sans doute, d'ôter d'un lieu très chrétien des consonances trop païennes. Avant que s'érige la cathédrale actuelle, six églises furent bâties sur le site, dont quatre brûlèrent, ainsi que la première cathédrale. Pour les passionnés d'architecture, les proportions de la cathédrale de Chartes sont conformes au Nombre d'or.

Gilles

On parlait autrefois d'une offrande (de chair humaine) faite à Robiastre, probablement un géant, parfois présenté comme un mauvais seigneur médiéval. À noter la racine Rob, souvent liée au Diable.

Finistère (29)

Barnenez

Site préhistorique : cairn, dolmens à couloirs.

Batz (Ile de)

Quand saint Pol-de-Léon aborda dans l'île, un dragon la dévastait. Le saint alla jusqu'au repaire de la bête, qui préféra se jeter dans la mer et s'y noyer plutôt que de se battre. Tous les dragons ne sont pas courageux !

Botmeur

Ici se situent les portes de l'Enfer et l'on voit passer un grand homme maigre avec un chien noir. C'est signe de tempête et les âmes des morts hurlent dans le vent. Tout autour du marais, fées et korrigans (lutins) hantent les mégalithes. Sous le menhir de Roc'h Bras un trésor est caché, mais il s'enfonce si l'on a le malheur de creuser. Vers Brennilis, un dolmen abrite des fées naines et bonnes. À côté, on voit des fées géantes qui lavent un linge ruisselant de sang. Saint-Herbot et son allée couverte sont le domaine d'un géant, qui fut découpé en soixante-dix-sept morceaux.

Brennilis

Site mégalithique.

Brest

La base militaire de Brest servi de refuge aux bâtiments de la Kriegsmarine pendant la Seconde Guerre mondiale. Lors des combats de la Libération, les Allemands auraient caché un trésor comprenant des devises françaises, américaines et anglaises. On ignore, si la rumeur est vraie, si ce trésor est constitué de vraie ou de fausse monnaie. Château du XIIe siècle élevé sur l'emplacement d'une citadelle romaine.

Brigognan-Plage

Site monolithique de Men-Marz.

Douarnenez

Ici se situe la ville d'Ys et la légende de la cité engloutie, perdue par la faute de la princesse Dahut (ou Ahès). Cette demoiselle, qui avait une vie dépravée, vola les clefs des écluses à son père, sur les conseils d'un diabolique amant, pour savoir ce qu'elles ouvraient. Seul le roi Grallon, son père, put s'enfuir sur son plus rapide coursier. En quelques minutes, la ville fut submergée et tous périrent. Devenue sirène, la fille perdue de Ker-Is chante dans la brume. Et l'on raconte qu'Ys resurgira du fond des ondes quand Paris disparaîtra.

Huelgoat

La Grotte et la Fontaine d'Artus établissent un lien avec le roi Arthur et la tradition hyperboréenne. Chaos rocheux, au sein duquel coule la rivière d'Argent, laissé par Hok Braz, un géant d'avant le Déluge. Il pouvait grandir à volonté. Un jour, il décrocha la lune mais, finalement, il s'enlisa dans les marais du Mont-Saint-Michel.

Citons aussi la Grotte du Diable, la Roche tremblante, qui oscille, servant de pierre d'épreuve et de consultation, et enfin le gouffre sinistre, où la princesse Dahut, princesse d'Ys, jetait sauvagement ses amants d'une nuit.

La Forêt-Fouesnant

Église en gothique flamboyant du XVIe siècle. Site mégalithique de Kerleven.

Locunolé

À une dizaine de kilomètres de Quimperlé, saint Gwénolé choisit les Rochers du Diable pour installer son ermitage. L'un des rochers, creux, servait d'écuelle au Malin. Mais pas si malin que ça, puisque saint Gwénolé, après s'être emparé de lui, promit de lui rendre sa liberté une fois qu'il aurait bâti un pont sur l'Ellé. Le pont fut fait et, libéré, le Diable plongea dans la rivière en oubliant son trésor, protégé par une truie noire qui dévore les imprudents, parmi les rochers qui portent son nom...

Menez-Hom

Montagne sacrée du temps des Celtes, le Menez-Hom, ensuite, évangélisation oblige, abrita une chapelle (templière) dédiée à sainte Marie. Cette chapelle servirait de repère : elle est située en bordure du Champ de la Croix rouge, dans lequel un trésor aurait été enfoui il y a très longtemps...

Plomeur

Site mégalithique.

Plomodiern

Ici se situe la tombe du roi Marc, un tumulus où l'on rajoute des pierres pour apaiser son âme. Un jour, il poursuivit une biche blanche jusqu'à la mer, sans parvenir à l'atteindre malgré ses traits. Celle-ci, grâce à un bond prodigieux, sauta sur un rocher. Le roi lui décocha une flèche qu'elle renvoya sur le cheval, qui tomba à l'eau et mourut. La biche, qui était sirène ou fée prononça une malédiction à l'encontre du roi. Il fut condamné à échanger ses oreilles avec celles de sa monture. Le roi dut se cacher la tête sous un bonnet et chaque semaine, il se faisait raser la crinière par un barbier, qu'il mettait ensuite à mort. De désespoir, il finit par se noyer. Depuis Cheval-Marin galope sur les vagues.

Plouescat

Les mégalithes des environs de Plouescat ont suscité des légendes. À l'ombre des 7 mètres de haut du menhir de Kergouara (Saint-Edern) est caché un trésor veillé par des serpents. L'eau qui stagne dans les ceux de la Feunteun-ar-Vir avait des vertus guérisseuses... Vestiges gallo-romains. Halles du XVIIe siècle.

Plouharzel

Le Menhir de Kerloas, qui porte des bosses fut l'objet d'un culte de la fécondité.

Plouhinec

Site mégalithique.

Pointe-du-Raz

La Grotte de la Porte de l'Enfer laisse parfois passer la Barque des Morts. Un soir d'automne, une ombre frappa à la porte d'un pêcheur, qui prit sa barque et navigua sur la mer, sentant l'embarcation s'alourdir du poids des âmes des Trépassés. Il ne faut, dans de telles circonstances, surtout ne poser aucune question.

Saint-Guénolé

Site mégalithique et musée.

Gard (30)

Aigues-Mortes

Port fondé par saint Louis en 1246 pour concurrencer Marseille, d'où il s'embarqua pour ses malencontreuses croisades. Remparts du XIIIe siècle. Au lieu-dit le Crau de la Chèvre vit un être mystérieux sur lequel on s'interroge : s'agit-il d'une chèvre d'or comme il en existe tant dans le Midi ou d'une fée, qui se transformerait pour envoûter les promeneurs ?

Anduze

Cité dite la « Porte des Cévennes », à cause des deux rochers qui dominent la ville. Haut lieu protestant pendant la guerre des camisards. Château du XVIe siècle. Sa bambouseraie, où l'on tourne à non prix le décor exotique de certains films, exporte dans toute l'Europe les plantes tropicales qu'on y fait pousser grâce à l'eau captée dans le Gardon. Dans les ruines d'une chapelle romane proche, parmi les vestiges d'une enceinte gauloise, on aurait découvert, à la Belle Époque, des pièces d'or... D'autres y attendraient toujours leurs découvreurs.

Bagnols-sur-Cèze

Un dragon, la Coulobre, avec sept têtes et autant de queues dévastait la région. Un seigneur local eut l'idée de faire combler le puits dans lequel il vivait et le monstre disparut. Sur le plateau du Camp de César apparaît une chèvre d'or et le 24 juin, s'ouvre une grotte ruisselante de pierreries.

Beaucaire

Ville de foires du XIIe au XVIIIe siècle, à l'emplacement d'un castrum romain sur la voie qui reliait Nîmes à Rome. Château des XIII-XIVe siècles. Gargantua, assoiffé, avala ici quelques bateaux qui naviguaient sur le Rhône pour se rendre à la célèbre foire. Dans le Rhône vivaient des dracs (dragons) qui en sortaient parfois pour se repaître de chair fraîche. Une lavandière ayant lâché son battoir fut happée par les eaux noires en voulant le récupérer. Elle se retrouva dans une caverne et eut à élever un dragonnet pendant sept ans, avant d'être libérée. À son retour sur terre, des dizaines d'années avaient passé et personne ne la reconnut. Elle avait acquis le pouvoir de distinguer les dragons quand ils se trouvaient hors de l'eau, grâce à un onguent dont elle avait frotté ses yeux. Un jour, elle reconnut un dragon dans les rues de Beaucaire et pour la punir de l'avoir dénoncé, il lui ôta la vue.

Beaulon

Le seigneur de Beaulon était un si triste sire qu'il était, pour ses débauches, détesté de tous, y compris de son fils qui l'assassina de sa main un Vendredi saint ! Un jour qu'il était poursuivi par quelques-uns de ses multiples ennemis, il jeta son trésor (qu'il venait peut-être de voler, raison pour laquelle il était pourchassé) dans l'étang du Pétrot. Dès lors, on tenta, bien entendu, de récupérer le magot enfoncé dans la vase. Mais c'était compter sans une vouivre qui s'installa à proximité et en empêche depuis l'accès.

Saint-André-de-Valborgne

Le dragon qui vivait dans le Creux du Laquet se mit un jour en colère parce que sa femme avait laissé brûler le ragoût d'enfants qui mijotait. De rage, il jeta le Roc de Salt sur un cortège nuptial qui passait.

Saint-Gilles-du-Gard

Église romane du XIe siècle. Hercule, qui n'apparaît que rarement dans nos légendes, traversa le sud de la France et il se battit contre de mythiques Ligures près du Delta du Rhône. Légende à fond historique retraçant le choc de deux civilisations ?

Haute-Garonne (31)

Aurignac

Grotte préhistorique (aurignacien) découverte au XIXe siècle. Musée archéologique.

Montmaurin

Sites préhistorique et gallo-romain.

Montréjeau

Sites préhistoriques (Gargas).

Toulouse

Ville gauloise, puis gallo-romaine, puis wisigothe... La croisade anti-cathare eut raison des comtes de Toulouse, et la ville fut rattachée au royaume au XIIe siècle. Basilique romane Saint-Sernin. Cathédrale Saint-Étienne des XII-XIIIe siècles. Église gothique des Jacobins (XIIIe siècle). Église Notre-Dame de la Salbade du XVIe siècle. Capitole du XVIIIe siècle. Toulouse doit son nom aux Gaulois Tectosages. Ceux-ci, lors d'une expédition qui les conduit jusqu'à Delphes, y pillent le temple d'Apollon. Le dieu les en punit, à leur retour, en leur envoyant la peste. Les Tectosages, pour faire cesser l'épidémie, se débarrassent de leur butin en le jetant dans un lac sacré à proximité de la ville, bien décidé à l'y laisser. Plus tard, un consul romain, qui vient de conquérir la ville, et a été informé des richesses enfouies dans les vases du lac, le fait sonder. Il en fait retirer plus de 100 000 livres d'or et plus de 150 000 livres d'argent pour les transporter à Rome. Mais sur la route de son retour, il est attaqué par les Cimbres, qui occupent une partie de la Provence. Pour que l'énorme magot ne tombe pas entre leurs mains, il le fait jeter dans le Rhône aux abords de Beaucaire. Battu, il réussit à s'enfuir, mais le Sénat romain l'exile en Asie Mineure. Depuis, on ne parle plus qu'avec méfiance de l'*or de Toulouse*. Mais la malédiction des bords de la Garonne a-t-elle toujours cours, sur ceux du Rhône ?

Gers (32)

Auch

Ancienne Elimberris, devenue Augusta sous les Romains. L'église saint Cricq (ruines) fut bâtie sur un temple d'Apollon. Cathédrale Ste-Marie du XVe siècle, avec stalles et vitraux Renaissance, et des orgues du XVIIe siècle.

Gironde (33)

Bazas

Cité des Gaulois Vasates, et ancien évêché. Maisons anciennes à arcades. La cathédrale Saint-Jean, gothique, ne fut achevée qu'au XVIIe siècle. Il y aurait un trésor à Bazas, mais lequel ? Un trésor templier, car il y avait une commanderie templière, que le prieur, avant d'être arrêté par les soldats de Philippe le Bel, aurait réussi à cacher ? Ou un reliquaire en argent censé contenir des gouttes du sang de saint Jean-Baptiste recueillies alors que le bourreau d'Hérode lui coupait la tête, et enterré sur la route de La Réole, pendant les guerres de religion selon certains, ou sous la Révolution selon d'autres.

Blaye

Citadelle de Vauban. Dans les ruines d'un château qui aurait appartenu au légendaire Roland (le vrai était un comte des Marches de Bretagne), le roi mérovingien Childebert aurait caché un trésor.

Bordeaux

Ville gallo-romaine puis wisigothe, Bordeaux garderait, dans ses sous-sols, un trésor wisigoth. On a bien découvert sous l'église Saint-André des sarcophages wisigoths, mais pas le trésor. Fondée au IIIe siècle av. J.-C. par les Gaulois Bituriges, devenue Burdigala sous les Gallo-Romains, Bordeaux, capitale des ducs de Gascogne, puis d'Aquitaine, est, tout au long de son histoire, un important port de commerce, notamment avec l'Angleterre. Nombreux témoignages architecturaux des XVII-XVIIIe siècles. Cathédrale Saint-André du XIIe siècle, achevée au XVIe. Palais de Rohan (hôtel de ville) du XVIIIe siècle. Musée d'Aquitaine, avec partie préhistoire.

Brion

Brion, c'est l'Ys girondine, une ville qui se serait engloutie dans les marais avec ses trésors à la suite d'une malédiction.

Landaux

Site préhistorique : grotte des Haurets (périgordien).

Lussac

Dans un souterrain inondé resterait le trésor de l'abbaye de Faize, reliquaires et objets de culte en métaux précieux, que ses moines auraient caché pendant la Révolution.

Pair-non-Pair (Marcamps)

Grottes préhistoriques illustrées par des artistes de la période aurignacienne.

Saint-Germain-la-Rivière

Site préhistorique : abri de Pillebourse.

Hérault (34)

Agde

Ville fondée au VIe siècle av. J.-C. par les Phocéens. C'était le seul comptoir grec sur la côte languedocienne (avant sa colonisation romaine). Cathédrale du XIIe siècle. On y mentionne une ville engloutie : un rocher à empreintes porterait les traces du genou de la Vierge lorsqu'elle pria pour sauver la ville des eaux.

Béziers

Oppidum gaulois devenu romain au Ier siècle av. J.-C., ville importante de la Gaule narbonnaise. Cathédrale Saint-Nazaire des XIII-XIVe siècles, dans laquelle les croisés anti-cathares de Simon de Montfort massacrèrent la population qui s'y était réfugiée. C'est au cours de ce carnage que le légat du pape eut ces mots, quand un prêtre vint lui dire que les soldats passaient indistinctement cathares et catholiques au fil de l'épée : « Dieu reconnaîtra les siens ! »

Ensérune

Cité grecque du VIe siècle av. J.-C., détruite par les Celtes, ou par Hannibal, et abandonnée sous les Gallo-Romains. Sur son oppidum découvert au début du siècle, des vestiges et une nécropole du IVe siècle av. J.-C.

Ferrières-les-Verreries

Dolmen.

Minerve

Site préhistorique. Église fondée au Ve siècle, restaurée aux XI-XIIe siècles.

Saint-Bauzille-de-Putois

Stalagmites et stalactites dessinent de surprenantes figures dans les Grottes des Demoiselles, en fait des fées pétrifiées et devenues colonnes.

Ille-et-Vilaine (35)

Fougères

Forteresse féodale du XIIe siècle. Église Saint-Sulpice en gothique flamboyant du XIVe siècle. Raoul II, sire de Fougères, qui fit ériger la magnifique forteresse, orgueil de la ville, se méfiait du roi Henri II d'Angleterre qui, par son mariage avec Aliénor d'Aquitaine, était devenu le suzerain de cette ville stratégique entre Bretagne, Normandie et Maine ; sa rapacité était connue de tous. Aussi cacha-t-il son trésor dans l'un des souterrains du voisinage. Personne, depuis, n'a pu mettre la main dessus ; ni les sbires d'Henri II Plantagenêt, ni les soldats de la République lors des guerres de Vendée, ni les chouans, ni personne d'autre…

Langon

Les Demoiselles de Langon sont des rochers de grès, autrefois de jeunes filles que Dieu pétrifia afin de leur apprendre à mal se conduire : elles avaient préféré danser plutôt que d'aller à la messe... Quelqu'un profita de la malédiction dont elles avaient été l'objet pour cacher sous elles un trésor, certain que personne n'oserait aller l'y chercher, de crainte d'être, lui aussi, pétrifié ou foudroyé. Et une autre légende locale ne lui donne pas tort : à proximité de la chapelle du Chêne-mort, se dresse le menhir de la Pierre-Daniel. Ce Daniel était un citoyen de Langon qui, cherchant sous le menhir un trésor, fut victime de sa cupidité : un éboulement l'étouffa. Quant à la Pierre Bise, il s'agit d'un menhir, rejeté par Gargantua.

Lanvaux

Et si, sous les buttes qui supportent les menhirs, ou sous le tumulus de Castellie, il y avait des chambres souterraines, contenant des sépultures, mais aussi des objets précieux, comme sous les pyramides ? Ici, ce ne sont pas les crocodiles du Nil et les Sphinx qui gardent ces éventuels trésors, mais des fées et des korrigans.

Mont-Dol

Site préhistorique (paléolithique). Église avec des fresques du XIIe siècle.

Paimpont

Dans la forêt de Paimpont subsistent les derniers vestiges de la forêt de Brocéliande, celle-là même où l'enchanteur Merlin, après avoir était le conseiller du roi Arthur, chef des chevaliers de la Table ronde, est prisonnier de la fée Viviane. On y trouve encore une fontaine à son nom, mais la civilisation déforestatrice a réduit ce haut lieu de la culture celte en banal petit bois pour promenade dominicale ; les troncs de haute futaie derrière lesquels les chevaliers se cachaient furent coupés pour faire des mâts de voiliers, ou servir de combustible aux forges de Paimpont.

Retiers

Site mégalithique de la Roche-aux-Fées.

Indre (36)

Briantes

Les flambettes sont des fées plutôt taquines. Un berger avait conclu un pacte avec leur reine, et son troupeau était florissant. Mais une nuit, une vieille toute rabougrie et poilue vint lui parler mariage. Il refusa et ses bêtes se mirent à dépérir ; il dut alors céder aux volontés de la reine des fées, jusqu'au jour où un autre pâtre, un peu sorcier, lui conseilla de couper la barbe de la fée pendant son sommeil, afin d'écarter la malédiction et de la faire disparaître à jamais.

Mers-sur-Indre

C'est dans le bois de Chanteloube que George Sand aurait situé sa Mare-au-Diable. Il ne faut jamais s'y arrêter la nuit, car on ne peut alors sortir du bois, qui devient labyrinthe, avant le lever du jour. Et si l'on doit faire le tour de cette mare, il est nécessaire d'y jeter trois pierres de la main gauche (au nom du Père, du Fils et du Saint-Esprit), en faisant le signe de croix de la main droite.

Indre-et-Loire (37)

Bossay-sur-Claise

Sur la rive gauche du ruisseau qui traverse Rys, vivaient les Loups-Brous, et sur la rive droite, des fées. Pour mener à bien leurs amourettes, ils voulurent faire un pont, mais un habitant du village aperçut les fées à l'ouvrage. Aussitôt, elles disparurent à jamais sous terre, par la Cave du Bonnet rouge.

Bossée

Sur le plateau de Bossée, au passage des oies sauvages, on entend les bruits de la Chasse Briquête, sorte de chasse infernale, où le Diable, suivi de son chien Faraud, de sa chienne Courte-Oreille et de sa compagne Bellaude, poursuit les âmes des défunts, dans un épouvantable fracas.

Cangey

En traversant la Loire, Gargantua sema un grain de sable qui se mit à grandir et devint la Pierre de David. Le jour de Noël, elle tourne sur elle-même, à midi et à minuit, et la tradition veut qu'elle continue à grandir.

Château-La-Vallière

Ce bourg conserve le souvenir de la Chasse Arquin, à l'avant-goût d'Enfer, et du Biringue, un être étrange, sorte de sac lié aux deux extrémités et qui court dans la campagne en poussant des cris horribles pour effrayer les passants.

Dans la Vallée-aux-Dames, trois Dames Blanches (fées du destin) dansent autour d'un très haut menhir, quand elles ne hantent pas les ruines du château.

Chinon

Dans les trois étages de la tour du Coudray, à l'ouest de la forteresse, des Templiers furent enfermés, tandis que Philippe le Bel et ses « légistes » instruisaient leur procès. Les prisonniers couvrirent les murs d'étranges graffitis : messages codés, voire indications pour découvrir le secret de leur trésor, et sa cache ?

Draché

Site mégalithique (pierre percée). Cette Pierre-Percée ou Pierre des Arabes est un curieux menhir, de plus de 4 m de haut, et comportant une perforation naturelle dotée de merveilleux pouvoirs de guérison. On échangeait aussi des bouquets de fiançailles à travers ce trou.

Le Grand-Pressigny

Site préhistorique (taille de silex) et musée. Château (musée de la préhistoire) des XIV-XVIe siècles.

Saint-Antoine-du-Rocher

Allée couverte de la Grotte des Fées de Mettray.

Sainte-Radegonde-en-Touraine

Dans la banlieue de Tours, on accède à la grotte de Saint-Galien par l'église bâtie à proximité de l'abri sous roche où Galien, au IVe siècle (aucune parente avec le célèbre médecin grec), prêchait la parole divine. Quel meilleur asile, pour un trésor, qu'une grotte attenante à une église ? Mais tous ceux qui ont prétendu qu'il y en avait un caché ne l'y ont pas trouvé...

Isère (38)

Allevard

Plusieurs légendes sont attachées à ce bourg. Une fée attirait les jeunes gens pour mieux les perdre en leur demandant de gravir à cheval une roche particulièrement escarpée. Un jour, l'un d'eux y parvint et la fée se précipita au fond d'un gouffre situé au Château de la Roche.

La Grotte de la Jeannette passe pour maléfique. Un sort veut que les jeunes filles à marier passant par la grotte doivent le faire dans les délais les plus brefs, sans quoi leur fiancé périra avant la fin de l'année. À Saint-Pierre-d'Allevard, église romane Saint-Pierre.

Corenc

Un paresseux, un peu voleur, avait recours à son chien pour marauder et rapporter des pâtés dorés et croustillants, des volailles et des gâteaux. Le chien, pris pour une créature diabolique, semait la panique dans les cuisines des châteaux environnants. Le soir de la Saint-Jean, notre homme, n'ayant plus de bois sec pour faire cuire sa soupe, eut l'idée de dérober quelques branches aux bûchers dressés, prêts à être allumés. Mais les bûchers étaient gardés par des bergers et il dût grimper toujours plus haut, dans l'espoir d'en trouver un, oublié. Il alla ainsi jusqu'au sommet de la montagne (certains disent le Saint-Eynard, d'autre Chamechaude), poursuivi par les bergers qui l'avaient repéré. La Lune se montra alors, souriante, et l'invita à s'agripper à l'un de ses rayons, pour échapper à ses poursuivants. La Lune tira ainsi le malheureux, et plus personne ne le revit.

Grenoble

Cularo, cité des Gaulois Allobroges, puis bourgade gallo-romaine, évêché médiéval. Cathédrale Notre-Dame du XIIe siècle. Église Saint-André du XIIe siècle. Église Saint-Laurent du XIe siècle (avec une crypte du VIe siècle). Dans la capitale du Dauphiné, entre l'Isère, née à l'Iseran, et le Drac, né au Pas de la Cavale (où sévissait un cheval magique), chacune des rivières qui serpentent est l'hôte de dragons ou de fées-serpents. Le nom même d'Isère a sans doute un lien avec Isoré, géant concurrent de Gargantua, mais à caractère plus nettement solaire, et tout aussi archaïque, cité par Chrétien de Troyes.

La Balme

Grotte préhistorique.

Mizoen

Cette région de l'Oisans pierreuse et désertique fut en des temps lointains couverte de verts pâturages. Les nains et les hommes y vivaient en harmonie, jusqu'au jour où le roi et la reine des nains, qui avaient trente-sept bambins, tous aussi malingres les uns que les autres, eurent l'idée d'échanger leur dernière-née contre un bébé humain plein de santé. Toutefois au bout de quelques jours, ils se languirent de leur petite et retournèrent auprès des hommes pour s'excuser. L'échange se fit, mais les hommes, qui avaient pris ombrage de la substitution, dévastèrent le village des nains, qui durent se réfugier dans le Bois sacré. Là eut lieu une grande bataille, à l'issue incertaine. Nul ne revit plus les nains et les hommes n'osèrent plus pénétrer dans ce bois.

Notre-Dame-de-la-Salette

En 1846, comme plus tard à Lourdes, puis à Fatima, la Vierge apparaît à des petits bergers (en se rappelant que sainte Geneviève, qui sauva Paris, est représentée en bergère dans l'iconographie médiévale - ce que cette patricienne n'était pas – et que Jeanne d'Arc entend ses voix tandis qu'elle garde des moutons, on constatera la superposition de la symbolique entre le mythe du Bon Pasteur, celui du Christ qui rassemble ses ouailles au sein de l'Église, et celle de bergers et bergères innocents et humbles parce que jeunes et incultes ; de surcroît, les lieux des apparitions, qui deviennent miraculeux, correspondent souvent à d'anciens lieux de culte remontant au celtisme, ou au-delà...). La Vierge pleure, ce que l'on interprétera, a posteriori, comme une annonce des catastrophes guerrières qui vont s'abattre sur l'Europe...

Paladru

Sous les eaux du lac (dit aussi de Charavines), on a découvert, dans les années 1970, une cité lacustre datée de 3000 ans av. J-C. Selon une légende locale, proche de celle de la ville d'Ys, les soirs d'orage, on entend sonner les cloches du village englouti ; même si, il y a cinq millénaires, les villages n'avaient pas d'églises, donc pas de clochers, donc par de cloches pour sonner le tocsin ou l'angélus... À moins qu'il ne s'agisse des cloches du village qui, paraît-il, s'élevaient en bordure du lac à l'an mil. Le nom même de Paladru évoque les piquets de ces cités lacustres néolithiques et protohistoriques.

Sassenage

Les Trois Pucelles de Parizet, trois rochers émergeant du plateau du Vercors, évoquent le châtiment de jeunes coquettes qui furent pétrifiées, tandis que leurs amoureux étaient engloutis par la terre. Dans les Grottes du Furon vivait une femme-serpent dont l'histoire est proche de celle de la fée Mélusine.

Vienne

Ici se situe la légende du Dauphin. Un sortilège fit que les souverains du pays eurent trois enfants, un aigle régnant sur les Airs, un ours dominant la Terre et un dauphin maître des Eaux. Ils ne pourraient retrouver leur forme humaine que si une princesse acceptait de les épouser. L'aigle et l'ours eurent cette chance, alors que le dauphin jouait les animaux de foire.

Un jour, la princesse Vienne, fille du Rhône, donna une grande fête. Jetant aux musiciens des friandises, elle tomba dans le fleuve, mais aucun de ses prétendants ne put la retrouver. Finalement, elle réapparut, chevauchant le dauphin. Cité des Gaulois allobroges, capitale de province romaine, foyer du christianisme, Vienne fut un évêché important ; c'est à son concile que l'ordre du Temple fut dissous. Vestiges gallo-romains (temple, théâtre...). Église Saint-Pierre des VI-XIIe siècles. Église romane Saint-André-le-Bas et cloître roman du XIIe siècle.

Jura (39)

Château-Chalon

À l'origine oppidum gallo-romain, Château-Chalon, qui vit le mariage de Béatrix de Bourgogne et de l'empereur Frédéric Barberousse, fut le siège de combats lorsque la France disputa la Franche-Comté à l'Espagne. On a retrouvé dans ses souterrains à plusieurs niveaux des squelettes remontant à la Guerre de Trente Ans. Le bourg était le siège d'un couvent réservé aux filles de la noblesse (il fallait seize quartiers pour y entrer) ;

les religieuses y avaient le privilège de loger dans une maison qu'elles pouvaient partager avec une suivante. Sous la Révolution, l'abbesse du couvent aurait enterré un trésor composé des objets de culte et des richesses de ses nobles sœurs ; ce « trésor de l'Abbesse », souvent évoqué, n'a jamais été retrouvé.

Dans les environs, la chapelle de la Dame des Monts-Bénits a été érigée par un chevalier qui voulut ainsi remercier la Vierge Marie de lui avoir éviter un... faux pas. Alors qu'il chevauchait par une nuit sans lune, son cheval refusa d'avancer plus avant ; le chevalier, ayant mis pied à terre, s'aperçut qu'il avait failli se jeter dans un précipice !

Commenailles

Ici sévit le Drac, animal blanc sans tête, de la taille d'un cheval. Comme nombre de chevaux magiques, il emporte sur son dos les enfants désobéissants.

Dole

Le château de Dole fut l'une des résidences préférées de l'empereur Frédéric Barberousse, qui se noya en se rendant à Jérusalem, lors de la troisième croisade. La tradition locale prétend qu'il y aurait caché un trésor. Il ne fut jamais retrouvé, malgré les pillages des « écorcheurs » pendant la guerre de Cent Ans, des troupes de Louis XI après la mort de Charles le Téméraire, et des troupes de Louis XIV pendant les guerres de Franche-Comté. Collégiale gothique Notre-Dame du XVIe siècle.

Massacre

La forêt du Massacre s'appelait la forêt de la Frasse jusqu'à ce jour de 1535 où elle prit son sinistre surnom : c'est là qu'y fut exterminée, par les hommes du duc de Savoie, une troupe que François Ier avait envoyée pour secourir Genève assiégée par les alliés de Charles Quint.

Pagney

Au XIXe siècle, un gouffre s'y serait ouvert, dans lequel un enfant du pays, qui avait aperçu des éclats métalliques indice de trésor, avait voulu descendre ; il n'alla pas jusqu'au bout, car il vit une vouivre, sirène-serpent spécialisée dans l'envoûtement et la garde des trésors telluriens, et dont Marcel Aymé, qui avait des racines jurassiennes, a décrit la séduction dans un savoureux roman.

Pagnoz

La châtelaine de Vaugremans aurait été métamorphosée en vouivre, pour un crime oublié, probablement l'infidélité, et condamnée à veiller sur un trésor. Elle aurait été tuée par son propre fils, prénommé Georges. À son tour, il aurait été supplicié par le feu, pour expier son matricide et ses cendres auraient été dispersées au vent. Plus tard, une jeune fille, ayant croqué une pomme imprégnée de ces cendres, se serait retrouvée enceinte et aurait mis au monde un garçon, qui aussitôt aurait crié « Je suis Georges et je vis pour la seconde fois ! ». Ainsi, le mythe de la Vierge-Mère vient ici se mêler curieusement à celui du dragon toujours vaincu par un saint-archange-chevalier, Michel ou Georges.

Landes (40)

Aire-sur-Adour

Ville étape sur la route de Compostelle, Aire était, avec Toulouse, l'une des deux capitales du royaume wisigoth, avant que celui-ci ne disparaisse, conquis par Clovis. En 476, Quitterie, une princesse catholique venue d'Espagne (ou du Portugal, voire de Toulouse...) y fut décapitée, car elle refusait d'épouser son prétendant, qui était, comme nombre de Wisigoths, arien, donc hérétique. Prenant sa tête coupée entre ses mains, Quitterie gagna le sommet de la colline et s'effondra enfin. Là où tomba sa tête jaillit une source miraculeuse autour de laquelle fut bâtie un sanctuaire. L'Église fit de Quitterie une sainte, dont le culte se répandit dans toute la Gascogne. Elle était invoquée contre les maux de tête (décapitation oblige) la folie et la rage. Le 22 mai, jour de sa fête, il était fréquent que l'eau de sa fontaine déborde de sa vasque.

Brassempouy

Site préhistorique, et musée (Vénus paléolithiques). La Dame de Brassempouy, dite aussi la Dame à la capuche, est une petite statuette d'ivoire (6x2x2 cm) représentant un visage de femme, et datée de 23 000 ans av. J.-C.. L'original est au musée et la préhistoire à Saint-Germain-en-Laye.

Capbreton

Il y avait là une commanderie templière... donc un trésor ?

Loir-et-Cher (41)

Blois

Ville historique, ravagée par les Normands en 854, séjour préféré de Charles d'Orléans, le prince-poète, de Louis XII, qui du château fait une résidence royale, et de Henri III, qui y fait assassiner le duc de Guise. Le château, commencé au XIIIe siècle, a été achevé sous Louis XIII, au XVIIe. Cathédrale Saint-Louis des XVI-XVIIe siècles.

Chaumont-sur-Loire

Château du XVe siècle bâti sur les ruines d'une forteresse démantelée par Louis XI. Diane de Poitiers, maîtresse de Henri II, dût l'accepter en échange de Chenonceaux, revendiqué par Catherine de Médicis, à la mort de son époux.

Cheverny

Une bergère qui gardait ses moutons le long d'une antique voie romaine aurait été témoin d'une scène fantastique : la route se serait ouverte devant elle, lui révélant une ville en ruines, détruite par un incendie. Château style XVIIe siècle

Lamotte-Beuvron

Pays du Cheval Bayart, à la fois cheval fantastique et le fantôme. On le suscite ici, avec une lanterne qu'on balance au bout d'une perche. Il a été révélé par la chanson de geste *Les Quatre fils Aymon*, et a laissé, dans la France entière, ses empreintes (qui ressemblent à des vulves) sur de nombreux rochers ou gués. Cheval-Fée, engendré par un dragon et une serpente, il est capable de bonds prodigieux.

Monthou-sur-Cher

De ce haut lieu celtique subsiste le menhir du Gué-Péan, enchâssé dans les soubassements du donjon médiéval. Un trésor serait enfoui dans son voisinage…

Morée

Le dolmen des Pierres aux Fées ou Lit des Fées se situe près de la Fontaine Effondrée, où un cavalier aurait été englouti, selon la légende.

Noyer-sur Cher

La Pierre Fitte ou Pierre Fiche de Grandmont est un menhir qui serait tombé du ciel.

Oigny

Le Diable passe pour avoir conclu un marché avec saint Romain, à propos du Dolmen de l'Aitre-Briard. Le saint, se plaignant du mauvais état des routes, réclama un peu d'aide au Diable. Celui-ci, bon prince, accepta à condition qu'après une nuit de labeur commun, le saint lui cède son âme. Dès la nuit tombée, le diable partit à la poursuite du saint, suivi par une femme qui portait des pierres dans son tablier. Le saint avait une heure d'avance, mais son adversaire finit par le rejoindre, et posait déjà sa griffe dans son dos, quand le coq chanta. Le Démon dut laisser là toutes ses pierres, qui formèrent le dolmen, pour s'enfuir avant que le soleil ne se lève. Autre dolmen, Le Boulay. En relation avec Belenos ?

Saint-Hilaire-la-Gravelle

Le Dolmen de la Couture passe pour être l'une des entrées de l'Enfer. La nuit de Noël, le Diable invite à puiser dans ses trésors, mais il faut être remonté avant le dernier coup de minuit.

Seigy

Un soir, un personnage richement vêtu demanda à un pauvre bougre de l'aider à passer le Cher. L'homme, espérant gagner quelques pièces, prit l'autre sur son dos, franchit le gué et reçut son dû. Mais lorsqu'il voulut utiliser l'argent, celui-ci se transforma en serpent : il avait transporté le Diable.

Loire (42)

Ambièrle

Une région de rochers et de mégalithes, propice aux légendes. Le Roc de la fille morte était une immense dalle granitique, supportée par deux piliers. Son nom provient de la chute mortelle d'une jeune fille qui avait enfreint la défense d'escalader ce bloc maudit.

Balbigny

Il y avait une allée couverte, maintenant disparue, Les Grandes Pierres semblent devoir leur édification aux Sarrasins, bien que certains y voient un tombeau et d'autres l'œuvre de druides.

Bussy-Albieux

Affleurement granitique, offrant des cupules au lieu-dit le Rocher de Saint-Martin, qui sont autant de traces de pas du saint ou ses écuelles. Il existe de nombreux endroits consacrés à saint Martin dans le Forez ; la plupart reprennent des vestiges de cultes plus anciens ou d'occupation humaine néolithique ou protohistorique.

Crémeaux

Plusieurs pierres à légendes sur cette commune : les Palets de Gargantua, blocs situés en bordure d'un chemin ; les Pierres folles, affleurement qui serait doté du pouvoir de se déplacer ; la Pierre du Diable, sur la limite de la commune.

Ecotay l'Olme

Il y avait là une pierre disparue sur laquelle étaient gravées une vulve et une lance, et appelée le Pas de la Mule. Selon la légende, un marchand perdu dans la tourmente et sauvé in extremis par le son de la cloche de Sauveterre, à Montbrison (église gothique Notre-Dame-de-l'Espérance du XIIIe siècle ; musée préhistorique de la Diana), aurait laissé là les traces du pas de sa mouture.

Luriecq

Dolmen.

Noailly

Une borne, parfois considérée comme un ancien menhir, a pour nom la Pierre qui Vire, comme beaucoup de pierres « mobiles ».

Noiretable

Haut lieu des Monts du Forez, avec ses rochers à empreintes : la Pierre de saint Martin ou Pierre de la Mule ou encore le Lit de la Vierge.

Nollieux

Le Bénitier du Diable est une cavité naturelle dans un affleurement rocheux. Elle contient toujours de l'eau et le curieux qui ose regarder la flaque y voit la trace du pied du Diable.

Régny

Il y avait là une pierre aux pouvoirs étonnants : il suffisait à une jeune fille de s'asseoir dessus la nuit du 29 juin (saints Pierre et Paul) pour trouver aussitôt un prétendant !

Saint-Georges-en-Couzan

Site préhistorique : Manteau de Saint-Martin (pierres à cupules).

Saint-Just-en-Chevalet

Dans les Monts du Forez, on trouve la Chambre de la Fade (fée), anfractuosité dans les rochers ; la Pierre-longue, grand bloc abandonné par un géant qui n'avait pas eu la force de la hisser ; l'Écuelle du Loup et les Pierres de saint Martin, autres pierres à empreintes.

Saint-Paul de Vezelin

Une pierre à empreintes maçonnée dans la croix de Bissieux porte, dit-on, la trace d'une bergère emportée par le Diable. Quant à la Pierre du Trésor, elle serait la bien nommée, à condition de l'y trouver.

Souternon

On remarque la Pierre Samson, un autre géant, biblique celui-là, qui concurrence parfois Gargantua. Ailleurs, on voit des pierres à empreintes qui témoigneraient du passage de la Vierge venue personnellement évangéliser le Forez.

Usson-en-Forez

Plusieurs pierres à empreintes : le Fauteuil du Drac ou encore le Rocher de Boulaine (dont le nom évoque le lumineux Belenos).

Haute-Loire (43)

Beaune-sur-Arzon

Promeneurs, attention ! Des fées en hantent les forêts.

Brioude

Rue du 4 Septembre, une maison où Mandrin* aurait vécu, étant venu à Brioude vendre du tabac de contrebande.

Cayres

Au lac du Bouchet, dans un cratère de volcan, persiste la tradition d'une ville engloutie. Tous ses habitants étaient dévoyés et corrompus, à l'exception d'une vieille femme qui ne possédait qu'une chèvre, mais n'en donna pas moins l'hospitalité au Christ. Il lui accorda une possibilité de salut, ayant condamné la ville, à condition de partir sans se retourner. La vieille, qui avait bien voulu abandonner sa masure, mais pas sa chèvre, fut perdue par la curiosité de l'animal. S'étant retournée parce que sa chèvre ne la suivait plus, elle fut pétrifiée en même temps qu'elle (chèvre peut-être diabolique...) ; une croix de pierre commémore l'événement.

Chomelix

Pays hanté par les fées, avec la Caverne de la Reine, une grotte taillée d'accès difficile ; la Chaise de la Dame, où une Dame blanche laisse entendre des gémissements qui se perdent dans le bruit du vent et le fracas du torrent ; la Terrasse des Fées, une étroite plate-forme...

Le Puy-en-Velay

Capitale des Gaulois Vellaves, centre de pèlerinage médiéval et capitale du Vellay. Cathédrale romane Notre-Dame-du-Puy du XIIe siècle. Église gothique Saint-Michel. La Vierge noire qui faisait la fierté de la ville fut offerte par saint Louis de retour de croisade, et brûlée sous la Révolution. Selon les archéologues, cette statue taillée dans du cèdre, enveloppée de bandelettes, était une représentation d'Isis. La Vierge actuelle est une autre Vierge noire, datant du XVIIe siècle, qui avait sa niche dans la chapelle Saint-Maurice, et sur laquelle on posa les manteaux qui recouvraient l'ancienne.

Saint-Jean-d'Aubrigoux

Le fils du roi Brancos venait d'épouser Julite, dame d'Artites, quand le jeune couple fut sauvagement attaqué par des barbares. Tandis que le prince défendait chèrement sa vie, Julite s'enfuit et marcha pendant des heures jusqu'à tomber de fatigue. Elle arrive dans le village de Vertaure et frappa à une première porte où un homme bourru l'éconduit, puis à une deuxième porte où une vieille la rabroua. Enfin à une troisième où le vacher mit la barre et retourna à ses bêtes. Poursuivant son calvaire, elle se présenta à Eyravas où la même mésaventure se produisit. Elle finit par s'évanouir sous un buisson d'aubépines. Au même instant, un éclair zébra le ciel et Vertaure s'incendia. Quant aux gens d'Eyravas, ils virent descendre la reine de fées (qui habite dans le dolmen des fades), environnée de lutins, volant au secours de la jeune femme. Les lutins s'en donnèrent à cœur joie pour briser la vaisselle, renverser les marmites, jeter au vent le grain, rendre folles les vaches. D'autres partirent recueillir le prince, blessé et inconscient, pour le déposer dans le Château de Beaumont, surgi du néant d'un coup de baguette magique.

Seneujols

Un dolmen passe pour être le palet du Diable ou de Gargantua, selon les versions. Un des blocs recouvre une bergère trop coquette, qui y fut ensevelie avec ses moutons.

Loire-Atlantique (44)

Barbechat

Saint Martin joua un tour au Diable en lui vendant la première âme qui franchirait le pont : c'était un chat, enfermé dans un sac. Ceci pourrait expliquer le nom du village.

Dissignac

Site préhistorique : tumulus.

Donges

Gargantua jouant au palet aurait lancé le menhir de la Vacherie, qui serait resté planté. Non loin de là, les fées dansent la nuit, dans les enclos sacrés préhistoriques. Nul ne sait où elles emmènent les passants égarés en les entraînant dans leurs rondes. Un chien maudit, tout droit monté des Enfers, rôde dans les parages, ainsi qu'un cheval démoniaque, aux yeux rouges. Un korrigan (nain) qui se fait appeler *frère aîné de la Mort* hante les marécages, annonçant catastrophe et désastre. Enfin, on y a signalé un exceptionnel rassemblement de loups-garous, pas moins de cent-vingt-et-un. Quel endroit !

Guérande

Collégiale Saint-Aubin des XII-XVIe siècles. Remparts du XVe siècle. Des pierres à cuvettes, qui passent pour la Fontaine du Diable et à empreintes arciformes, dans le vallon de Tromartin, seraient celles de la monture de saint Cado. On ne sait trop s'il faut rapprocher Tromartin de saint Martin, qui a beaucoup parcouru les provinces françaises, ou plutôt de Tro-Marzen, Marzen signifiant Merlin. Pourquoi l'enchanteur n'aurait-il pas hanté les lieux ? Un Mont Gargan s'élève entre ciel et mer. Certains y voient le lieu d'un combat contre un géant mythique.

Les Mousseaux

Site préhistorique : dolmens.

Machecoul

Ruines du château de Gilles de Rais du XIVe siècle.

Nozay

Site mégalithique. Menhirs.

Pontchâteau

Site mégalithique. Abbatiale Saint-Gildas des XII-XIIIe siècles.

Saint-Michel-Chef-Chef

Dans son voisinage dormirait Montoix, une ville engloutie sous les sables. Rumeur confirmée lorsqu'au début du XIXe siècle, on y découvrit des sarcophages de pierre et d'ardoise. D'autres vestiges enlisés subsistent-ils ?

Loiret (45)

Jouy-le-Potier

La Fontaine de Sainte-Corneille passe pour favoriser les naissances. C'est aussi un site où les sorciers, avec des battoirs, font la pluie (mais pas le beau temps !).

Orléans

Cenabum, cité gauloise des Carnutes détruite par César, résidence royale sous les Mérovingiens et les Carolingiens. Cathédrale gothique Sainte-Croix du XVIe siècle. Église Notre-Dame-de-Recouvrance, église Saint-Donatien du XVIe siècle. Église Saint-Aignan, église Saint-Euvert du XVe siècle.

Tavers

La fée Houpille, qui avait sa demeure dans l'Étang des Eaux-Bleues, allait parfois jusqu'à la Loire, montée sur un char attelé de quatre colombes. Réminiscence de l'époque protohistorique, quand la Déesse-Lune se promenait sur un chariot tiré par trois oies ou trois canards sauvages ?

Lot (46)

Cabrerets

Site préhistorique de Pech Merle, et musée.

Capdenac-le-Haut

Site préhistorique.

Padirac

Le gouffre de Padirac, sous le causse de Gramat, est trop impressionnant pour ne pas avoir suscité de multiples légendes. La plus belle, même si c'est la moins authentique, est qu'il aurait été creusé par le diable lui-même suite à un pari perdu avec saint Martin. Autre légende, celle d'un trésor dont les Anglais, pourchassé à la fin de la guerre de Cent Ans par les troupes de Charles VII, se serait débarrassé en le jetant dans le gouffre. S'ils avaient su que la rivière souterraine sur laquelle on se promène en barque, au fond du gouffre, réapparaît une dizaine de kilomètres plus loin, peut-être l'auraient-ils mis sur un radeau...

Pech-Merle

Grotte préhistorique découverte en 1922, ornée de mains. Les artistes d'alors plaquaient leurs mains sur la paroi et soufflaient autour, sans doute à l'aide d'un roseau creux, un mélange coloré dont ils s'étaient emplis la bouche.

Rocamadour

Basilique Saint-Sauveur des XI-XIIIe siècles. 3 chapelles romanes. Chapelle Notre-Dame en gothique flamboyant contenant la Vierge noire, objet des pèlerinages médiévaux. Sites préhistoriques : Grotte des Merveilles, et Abri Murat.

Thémines

Site préhistorique : grotte du Roucadour.

Lot-et-Garonne (47)

Loubès-Bernac

Selon une légende locale datant des temps médiévaux, le seigneur du château de Loubès-Berenac, attaqué et défait par son voisin, le seigneur de Duras, préféra, plutôt que de se rendre, se jeter dans le puits de son château avec son trésor. Lequel puits, depuis comblé, reste à situer, et à recreuser.

Nérac

Marguerite de Navarre, sœur de François Ier, roi de France, et épouse de Henri d'Albret, roi de Navarre, mit Nérac, où elle installa sa cour, à la mode. C'est là que cette princesse de France, favorable à la Réforme, accueillit quelques protestants célèbres pourchassés par les troupes de son frère : Calvin, le poète Marot, entre autres. Sa fille, Jeanne d'Albret, épouse d'Antoine de Bourbon, et mère de celui qui allait devenir roi de Navarre et roi de France, Henri IV, vécut aussi à Nérac et acheva d'y faire construire le château Renaissance. Henri IV, lui, fit de la ville une place forte protestante, mais ce n'est pas ce souvenir de lui que la ville garde : déjà Vert-galant, il y séduisit la jeune Fleurette, fille d'un jardinier (si son père avait été chaudronnier, aurai-elle été baptisée marmite ?), laquelle, ayant pris cette passade princière pour un grand amour, ne se remit pas de leur rupture, et se noya dans la fontaine qui porte son nom.

Trentels

Site préhistorique : grotte Cassegros.

Lozère (48)

Antrenas

L'hiver, un chien noir, âme maudite, tourne dans les environs du Château de la Baume.

Javols

Le Cougobre ou Colobre (dragon) exigeait chaque jour sa ration de chair humaine jusqu'à ce que les habitants réussissent à l'enfermer dans le four et à le faire rôtir.

La Borie

Exposition préhistorique.

Saint-Georges-de-Lavejac

Site préhistorique (grotte des Baumes Chaudes).

Maine-et-Loire (49)

Auverse

La chapelle Saint-Roch, détruite lors des guerres de religion, au hameau de La Blanchardière, était érigée sur une crypte qui contiendrait toujours des trésors. Mais elle est si profonde qu'on ne l'a toujours pas retrouvée.

Bagneux

Site préhistorique : grand dolmen de la Roche aux Fées.

Baugé

Le trésor caché dans le souterrain du château y est-il encore ? Personne ne s'étant pas flatté de l'avoir découvert, on peut le supposer. Idem pour un autre trésor, enfoui sous une petite butte funéraire du Mont-Estrelle.

Braizé

Des religieux pourchassés sous la Révolution auraient caché un trésor dans la chapelle du château de Grandfond.

Dénezé-sous-Doué

Dans ce village du Saumurois, une étrange caverne : la Cave aux Sculptures, dont les murs de tuffeau sont gravés d'étranges statues, expressives comme des figures romanes, mais datant de la Renaissance. Cette caverne, alors qu'en surface papistes et parpaillots s'étripaient pour défendre leur religion, servait-elle de lieu de culte celte ? Des fouilles ont mis à jour, dans cette même caverne, des vestiges de l'époque carolingienne.

Fontevraud-l'Abbaye

Vestiges de l'abbaye fondée au XIIe siècle, où Henri II Plantagenêt et Aliénor d'Aquitaine furent enterrés. Ravagée sous la Révolution, prison sous l'Empire et la République... Église romane Notre-Dame-du-Grand-Moutier.

Manche (50)

Barfleur

Au Carrefour-à-Chevaux eut lieu un étrange combat contre de mauvais hommes métamorphosés en chevaux. Cet animal a aussi, parfois, des aspects diaboliques.

Beaumont-Hague

Pays de mégalithes, avec le dolmen du Trou-aux-Fées (à Saint-Germain-des-Vaux, au lieudit Le Jagard), le menhir de la Grosse Pierre (au lieudit la Cache des Corvés) et la Roche de Gargantua : un simple gravier que le géant aurait ôté de son sabot ! Autant d'endroits où des trésors mythiques auraient été enterrés, sans oublier les falaises de Jobourg, riches de grottes dans lesquelles les contrebandiers de la Manche cachaient leur butin…

Bretteville-en-Saire

Site préhistorique de La Forge.

Bricquebec

Certaines bonnes fées locales vont jusqu'à faire le ménage dans les chaumières, alors que d'autres, comme la Bête Havette, sont mauvaises et noient les petits enfants. À leur côté, les goublins (lutins) mettent tout le monde à l'épreuve en remuant tout dans la maison et en s'amusant à cacher les objets usuels. Les trésors souterrains y sont aussi la propriété du Diable. Pourtant, un chien noir peut vous aider à les retrouver. Après l'avoir suivi, il convient d'entourer l'endroit d'un cercle magique et de faire sortir le trésor grâce à une haridelle, la plus vieille possible, car elle va mourir comme victime expiatoire. Vestiges du château des ducs de Normandie.

Carolles

Pour aller de Normandie en Bretagne, Gargantua posait jadis un pied sur la Roche-Gargantua qui surplombe la Grande-Abîme, puis l'autre sur l'Ilot de Tombelaine, avant de se retrouver au Mont-Saint-Michel.

Cherbourg

Dans ce port militaire fortifié par Vauban, on mit à jour en 1741, dans le faubourg du Roule, un tombeau romain, et, sous un rocher une statuette en bronze, elle aussi datant du IIe siècle. Ce qui prouverait la véracité de la légende, selon laquelle Jules César aurait fait bâtir Cherbourg pour conquérir l'île de Bretagne ; et ce qui conforterait les chasseurs de trésors qu'il existe d'autres vestiges de cette période.

Mont-Saint-Michel

L'évêque d'Avranches, ayant eu une apparition de saint Michel, lui fit bâtir une église sur un mont devenu Saint-Michel. Mais le Diable, éternel adversaire de l'archange, participa aussi à la construction du monastère. Dans sa besace, il avait trois cailloux ; il en perdit un, qui s'enfonça dans le sol : c'est la Pilière. En voulant l'arracher, mais sans y parvenir, il imprima dedans l'empreinte de ses griffes. Aussi avec deux pierres seulement, les fondations demeurent incertaines, et il arrive à la terre de trembler, surtout les nuits de tempête. Dans les marais, on peut admirer le tombeau de Gargantua et Tombelaine, celui de sa femme. Abbaye bénédictine romano-gothique des XII-XIIIe siècles, avec chœur des XV-XVIe siècles, transformée en prison sous la Révolution. Remparts des XIII-XVe siècles.

Pirou

Tradition des Femmes-Oies, dont l'origine remonte à la préhistoire et que l'on retrouve à l'époque celtique : de jeunes fées ayant consulté un livre de magie se retrouvèrent transformées en oies. Mais comme elles avaient oublié la formule, elles ne pouvaient la dire à l'envers et ne purent donc pas retrouver leur forme première. Nostalgiques, elles reviennent chaque printemps pour s'envoler à l'automne.

Vierville

Site préhistorique de La Butte.

Marne (51)

Châlons-en-Champagne

Anciennement Catalaunum, d'où les champs catalauniques, dans les environs, où Attila fut vaincu. Ville de foires médiévales, et évêché. Cathédrale Saint-Etienne romano-gothique des XII-XIIIe s. Église Saint-Alpin et église Notre-Dame-en-Vaux du XIIe s (vitraux du XVIe s). Hôtel des gouverneurs du XVIIe siècle.

Coizard

Site préhistorique : hypogées du Razet.

Fort-Bévaux

Site préhistorique : dolmen et coffres.

L'Épine

Notre-Dame-de-l'Épine, gothique flamboyant du XVe siècle, haut lieu de pèlerinage : la basilique aurait été bâtie à l'endroit où la Vierge serait apparue dans un buisson-ardent.

Reims

Durocortorum, capitale des Gaulois Rèmes, centre gallo-romain important, lieu du couronnement des rois de France. Abbatiale pré-romane Saint-Rémi. Église romane Saint-Jacques du XIIe siècle. Cathédrale gothique Notre-Dame du XIIIe siècle (tours des XIVe et XVe siècles).

Haute-Marne (52)

Arc-en-Barrois

Site préhistorique : dolmens.

Farincourt

Site préhistorique.

Fontaine-sur-Marne

Site préhistorique : menhir.

Langres

L'Andematunum gallo-romaine, capitale des Gaulois Lingons, alliés de César (contre Vercingétorix) pendant la guerre des Gaules, devint un évêché médiéval, dont il reste les remparts (rénovés). Cathédrale Sainte-Mammès romano-gothique du XIIe siècle. Église Saint-Martin du XIIIe siècle. Parmi les grottes aux alentours de la ville natale de Diderot, celle du cirque rocheux de Marnotte (vers Balesme). C'est là que le chef gaulois Sabinus, en révolte contre Rome vers l'an 70, vécut caché pendant neuf ans avec sa femme Eponine et leurs enfants. Ayant été finalement retrouvé, il fut emmené à Rome avec sa famille, et condamné à mort. Son épouse obtint de l'empereur Vespasien la « grâce » de mourir avec lui. Pour financer sa révolte, Sabinus (qui s'était autoproclamé empereur), devait avoir un trésor... Dans quelle grotte voisine le cacha-t-il ?

Nogent

Site préhistorique : dolmen de Pierre Tournante.

Mayenne (53)

Ernée

Allée couverte préhistorique.

Pontmain

Le 17 janvier 1871, alors qu'on signale l'avant-garde prussienne devant Laval, la Vierge Marie apparaît à quatre enfants dans une grange et annonce à leurs oreilles innocentes que la paix est proche. Les troupes allemandes, en effet, quitte peu après la Mayenne, l'armistice ayant été signé le 28 janvier par Thiers et son gouvernement versaillais. Une basilique néogothique, Notre-Dame de Pontmain, est édifiée sur le lieu de l'apparition, afin d'accueillir les pèlerins.

Sainte-Suzanne

Site préhistorique : dolmen.

Meurthe-et-Moselle (54)

Saint-Nicolas-de-Port

Basilique en gothique flamboyant des XV-XVIe siècles : elle fut bâtie pour accueillir les nombreux pèlerins qui venaient se recueillir, afin de guérir de leurs maux, devant la phalange de saint Nicolas, relique ramenée d'Orient par un chevalier lorrain.

Meuse (55)

Verdun

Oppidum gaulois, évêché médiéval, siège de plusieurs traités et batailles. Église Sainte-Catherine des XIV-XVe siècles. Verdun est synonyme d'une des plus sanglantes batailles de l'histoire (700 000 morts), en 1916. Verrou stratégique entre les plaines de l'Est et le Bassin parisien, la ville fut auparavant détruite par les Huns, occupée par Henri II qui la disputait au roi d'Espagne. Malgré les fortifications de Vauban, le duc de Brunswick, qui commandait les troupes coalisées contre la Révolution, la prit en 1792, avant d'aller se faire battre à Valmy. Lorsque le vieux duc entra dans Verdun, quelques jeunes filles, qui préféraient le roi à la République, eurent l'imprudence de lui offrir une corbeille de dragées. Lorsque les Prussiens se retirèrent, des patriotes vinrent les arrêter, pour être jugées, et guillotinées. Trois d'entre elles eurent le temps, avant de suivre leurs geôliers et bourreaux, d'enterrer dans les jardins de leurs parents, leurs dots. La légende, aussi attendrissante soit-elle, pourra-t-elle émouvoir ces éventuels coureurs de dot qui ont déjà, dans leur trousseau, poêle à frire pour chercher les métaux, et passoire pour sasser les graviers ?

Morbihan (56)

Arzon

Le tumulus de Tumiac proviendrait de la terre tombée du tablier d'une vieille dame (fée) filant sa quenouille. Près du tertre de Petit-Mont se voient des traces des sabots du cheval de saint Gildas, qui voulait traverser la mer.

Belle-Ile-en-Mer

Selon une poétique légende, ce sont les larmes des fées qui ont formé le golfe du Morbihan et les fleurs de leurs couronnes, les îles. Jean et Jeanne Runello étaient amants, mais leur union impossible. Ils furent pétrifiés, mais certains jours, une fée leur permet de se rejoindre. Deux menhirs, l'un blanc et l'autre noir se dressent toujours à quelques mètres de distance.

Carnac

Énigme des 3 000 menhirs et des tombes-tumulus, qui, pendant 3 000 ans, furent l'objet de tous les soins d'ancêtres néolithiques jusqu'à ce que vers 1500 av. J.-C., ils abandonnent le site. Musée archéologique Miln-Le Rouzic. Église saint-Cornely du XVIIe siècle.

De nombreuses croyances sont attachées aux mégalithes. Saint Cornély (ou Cornellic), un évêque des premiers temps du christianisme se vit combattu par les légions romaines et acculé, avec ses bœufs, à la mer, où aucune barque n'était visible. Il éleva sa crosse et aussitôt, les soldats devinrent de pierre. On raconte aussi que des nains, les Kérions, ont caché un trésor sous l'un des menhirs. Quelques privilégiés ont pu les voir se déplacer jusqu'à la mer, pour se baigner la nuit de Noël. Des hommes portant des pierres et des femmes portant de la terre ont édifié le Tumulus saint Michel, tout proche des alignements. Des fouilles ont révélé que sous ce tertre de plus de 100 m de long, 12 m de large et de 10 m de haut, il y avait une sépulture dans un coffre de pierre et des ossements de bovidés. On en revient à saint Cornély !

Mané-Kérioned, la Montagne aux Kérions paraît l'un des lieux les plus significatifs de la terreur qu'inspiraient les dolmens. Pas un Breton ne voulait s'y risquer, la nuit tombée, et ceux qui durent s'y abriter pendant un orage en tremblèrent longtemps. Dans une clairière parsemée d'ajoncs, trois dolmens se dressent à angle droit, dessinant un rectangle ouvert au sud. Un gigantesque tumulus ovale recouvrait l'ensemble, formant une colline artificielle, mais il a été détruit en 1866. Les Kérions, nains velus et ridés, dotés d'ailes semblables à celles des chauves-souris, sont censés habiter ces antres, dont ils ne sortent qu'à la nuit, pour voltiger en tournoyant et entraîner dans leur danse tous ceux qui ont perdu leur chemin. S'ils sont capables de maléfices, ils sont eux-mêmes victimes d'un sortilège. Un jour, un tailleur bossu, plein de courage, décida de se mêler à leurs ébats et il fut surpris de les entendre chanter un refrain assez limité : « Dilunn, dimeurs, dimerc'her ». Il sut s'attirer leur faveur en rajoutant deux nouveaux mots à leur chanson, « Diziaou ha digwener », et il repartit vers son village, sans bosse. Plus tard, un autre bossu eut l'idée de l'imiter et il alla danser avec les Kérions. Mal lui en prit, et ses paroles, « Disadorn ha disul » n'eurent pas le don de plaire ; il fut ballotté, chahuté, trituré, passé de mains en mains et, au bout du compte, non seulement sa bosse dorsale resta, mais il fut affublé d'une nouvelle sur le devant ! Un troisième tailleur tout aussi bossu eut plus de chance que le second, car il allongea le chant par la phrase « Et voilà la semaine terminée ». Sa persévérance fut récompensée par les Kérions, délivrés eux du maléfice qui les obligeait à danser toutes les nuits. Depuis, les Kérions ont définitivement quitté leur domaine.

Plouhinec

Site mégalithique.

Pontivy

Tradition, à Pontivy, du menhir qui grandit et qui va boire à la fontaine, pour Noël, abandonnant pour un court instant le trésor confié à sa garde. Dans le cromlech de Mané-Juégan, les korrigans font leur cuisine et comptent leur trésor sur des draps blancs.

Un rocher à empreintes témoigne du tour joué par un meunier au Diable qui l'aidait à bâtir son moulin en échange de l'âme de sa fille. L'homme fit chanter son coq avant l'aube. De surprise, le Malin lâcha le menhir qu'il tenait et griffa le rocher en s'enfuyant.

Quinipily

La Vénus de Quinipily, actuellement dans le parc du château, dans les environs de Baud, ressemble à une Isis égyptienne, nue, mais les mains chastement croisées sur sa poitrine. Flaubert, en son temps, s'extasia devant cette statue granitique haute de plus de 2 m contre laquelle les femmes en manque d'enfant venaient se frotter le ventre contre cette déesse de la fécondité. Régulièrement, les prêtres, pour mettre fin à ces pratiques païennes, la faisaient jeter à bas ; régulièrement leurs fidèles, entre deux messes, la redressaient.

Saint-Pierre-Quiberon

Site mégalithique.

Moselle (57)

Abreschwiller

Un trésor serait caché dans la montagne de Nonnenburg, sous une roche branlante gardée par quatre fées, vêtues en religieuses, qui parfois viennent se baigner dans la Source de la Princesse, au fond de la grotte de Saint-Léon. Cette source, aujourd'hui tarie, était un lieu de pèlerinage pour les femmes stériles, ses eaux pouvant, miraculeusement, les rendre fécondes. Quand les fées vont se baigner à la source de la Princesse, elles rient, et quand elles regagnent leur prison souterraine, elles pleurent. Un Diable, sous la forme d'un crapaud rouge, veille lui aussi sur ce trésor caché dans un coffret. Entre ses dents, il tient la clef du bonheur. Celui qui la prendra aura le trésor et du même coup délivrera les malheureuses fées, victimes d'un sort.

La Quenouille est un menhir haut de 7 m. Tous les 7 ans, une Dame blanche vient laver son linge à la rivière et pendant ce temps, la pierre tourne sur elle-même, tandis que les fées dansent une ronde folle. Puis un char attelé à des chevaux crachant des flammes apparaît. Toujours dans la même région sévit un Dragon, qui séquestre 3 jeunes filles dans une caverne, près de Geldsfelsen. Parfois, il leur permet d'aller se baigner dans la rivière.

Dabo

Le château de Dabo appartenait à une famille qui donna à l'Église son seul pape alsacien, Léon XI, peu après l'an mil. Ce château fut, en 1677, pris par le Prince Noir, un brigand local (à ne pas confondre avec un autre Prince Noir de sinistre mémoire, le fils du roi d'Angleterre Édouard III, qui battit Jean le Bon à Poitiers et du Guesclin en Espagne, et ravagea le sud-ouest de la France pendant la guerre de Cent Ans). Lequel Prince Noir y cacha son énorme butin. Deux ans plus tard, les troupes de Louis XIV s'emparèrent du château et de son nouvel occupant. Le Prince Noir mourut sous la torture sans avouer où il avait caché son trésor. Des années plus tard, deux inconnus vinrent à Dabo le déterrer, en chargèrent sept mules (lorsqu'il s'agit de transporter un trésor, où qu'il ait été enfoui, et qu'il ait appartenu à une reine mérovingienne, un dignitaire du Temple ou un contrebandier, sept mules ou sept chariots sont toujours nécessaires). Ils en laissèrent une partie aux paysans qui les avaient aidés. Depuis, on cherche à Dabo ce qui reste du butin du Prince Noir, notamment aux alentours du rocher dit de la tête de mort. Là, un garçon, voyant un tas de charbons ardents, se servit de l'un d'eux pour allumer sa pipe. Il se retrouva avec une pièce d'or dans la main !

A Dabo, il y a aussi une pierre branlante nommée la Lottelfels. Elle a comme particularité d'osciller pour dénoncer les femmes infidèles et pour indiquer si l'on va se marier dans l'année.

Haselbourg

À proximité de Dabo (voir ci-dessus), Haselbourg possède un réseau de souterrains qui servirent de refuge à la population lors des guerres de Cent Ans et de Trente Ans. L'avantage des souterrains, pour ceux qui veulent y cacher des trésors, c'est qu'ils n'ont pas à se livrer à des travaux de terrassement. Aucun trésor n'a été toutefois retrouvé ni dans les souterrains de Haselbourg, ni à proximité du Rocher du Coucou.

Nièvre (58)

Aligny-Cosne

À la Cave du Roc, on entend, la nuit, des bruits de battoirs : c'est la lessive des morts, orchestrée par les fées.

Asnan

Par magie, les fées construisaient une route, scandant « ferric, ferraille » pour enchanter les pierres, qui se rangeaient alors d'elles-mêmes ; mais un passant moqueur se mit à crier « Merdic, merdaille », et les fées disparurent définitivement, vexées, sans achever leur ouvrage.

Arleuf

Plusieurs rochers à empreintes : les Souliers du Bon Dieu ou le Pas de l'Ane. Dans les cavités, les fées faisaient leur cuisine. Il y a là une tradition de la chasse infernale, annoncée par un chien qui aboie plaintivement. Un homme voulut se rendre compte par lui-même : il traça un cercle et attendit. Le chien se manifesta et fut détruit par un éclair. Mais à son tour, l'homme, qui avait osé mettre au défi le Diable, disparut sous terre.

Bellary

À une vingtaine de kilomètres de la Charité-sur-Loire, dans la forêt de Bellary, s'élevait une chartreuse. Ses moines enfouirent dans les bois leur trésor avant d'être arrêtés par les révolutionnaires qui les torturèrent et les massacrèrent en vain pour leur faire avouer leur cache.

Douzy

En des temps immémoriaux, une riche dame de Douzy y fut assassinée parce qu'adultère. Son trésor est enfoui dans la cave de la maison du crime...

Fleury-sur-Loire

Entre le Bois des Essarts et le Champ du Praillon, volait autrefois une vouivre géante, qui avait la garde d'un trésor. La vouivre était une créature monstrueuse, mi-femme mi-dragon, tantôt aquatique et serpentine et tantôt aérienne, quand elle se parait d'ailes. Le jour des Rameaux, une veuve et sa fille puisaient l'eau à la rivière et la fillette, ayant distingué un trésor au fond de l'eau, remplit ses poches d'or. La vouivre fondit aussitôt sur elle et la garda un an captive.

Luthenay-Uxeloup

Le château de Rosemont aurait été bâti en une seule nuit par des fées... Il est donc « logique » qu'un tel château referme, dans son souterrain, un trésor gardé, lui, par une fée-serpent – à moins qu'il ne s'agisse d'une vouivre. Prévoir donc, pour les chercheurs, outre des pelles et des pioches, une trousse de sérum anti-venin.

Planchez

Il ne faut pas défier le Diable. En rentrant chez lui, un homme trouva un mouton noir, qu'il chargea sur ses épaules, malgré les avertissements de l'animal, apparemment doué de parole. Le mouton se transforma en bête furieuse et finalement, le paysan dut le lâcher. Un autre berger eut la prétention de monter dans la carriole conduite par l'épouse du Diable. Mais comme il avait un chapelet dans sa poche, l'attelage s'évanouit aussitôt. Enfin, la Pierre-à-Bauron recèle un trésor.

Nord (59)

Bavay

Plusieurs trésors y ont déjà été découverts au XXe siècle, monnaies gallo-romaines, statuettes antiques... La région est riche en souterrains plus ou moins obstrués, dont l'un relierait l'église de Bavay à la commune de Bellignies, qui a un dolmen réputé. À proximité du fameux oppidum de Bavay, une sépulture du premier âge du fer sous tumulus. Elle est connue pour être, elle aussi, un tombeau de Gargantua.

Bellignies

À côté de Bavay, la Pierre Croute est un bloc énorme de plus de 3 m de côté et 1,30 m d'épaisseur qui a été transporté dans le parc du château de Bellignies en 1810. Elle passe pour un autel druidique. On ignore ce qui a été découvert à son emplacement primitif, ce qui est regrettable, car le fameux trésor des druides, dont on parle ici et ailleurs, y serait peut-être enfoui. Information complémentaire : ce trésor des druides, ici, consisterait en un veau d'or grandeur nature, qu'il serait temps de retrouver avant que Moïse ne s'en charge !

Caestre

Un bâtiment templier s'y trouvait. Qui dit Temple dit trésor. Celui de Caestre se trouverait dans les ruines d'une ancienne chapelle, plusieurs fois détruite, entre guerres de religion et guerres mondiales.

Cassel

Deux géants, papa Reuze et maman Reuze, voulaient combler un ravin qui s'était ouvert quelque part dans les plaines du Nord. Ils étaient en train de transporter une immense motte de terre lorsque maman Reuze trébucha. La motte tomba et devint le mont Cassel...

Sur ce mont fortifié dès l'époque romaine (d'où son nom, Castellum), les affrontements ont été rudes : le comte des Flandres y battit le roi de France en 1071, le roi de France y battit les bourgeois des communes flamandes en 1328, le duc d'Orléans, frère de Louis XIV, y battit Guillaume d'Orange, stathouder de Hollande et futur roi d'Angleterre en 1677, Foch y installa son quartier général en 1914 et les Anglais y résistèrent aux Allemands en 1940.

Un trésor aurait-il pu échapper aux détrousseurs de cadavres, qui hantaient les champs de bataille, après l'abominable curée ?
Autre trésor local, celui de la Dame de Cassel, caché sous la Tour Leugnever, qui faisait partie de l'ancienne enceinte de la ville.

Lécluse

Menhir nommé la Pierre des Pierres ou la Pierre du Diable. Plusieurs histoires y mettent en scène le Diable. Il abandonne au chant du coq le dernier bloc qu'il transporte et y laisse l'empreinte de ses griffes. Où il fait un pacte avec un paysan pour lui construire sa maison et celui-ci, sur son lit de mort appelle un curé. Le Démon, floué, détruit tout, sauf une pierre désormais dressée, seule, pour l'éternité.

Saulzoir

Près de la « chaussée de Brunehaut » - en fait une ancienne voie romaine et non pas un chemin pavé sur ordre de cette reine, car les Mérovingiens, qu'ils aient été conquérants comme Clovis et Dagobert ou rois fainéants comme les derniers descendants de la lignée étaient tout, cruels, dépravés, intelligents, débiles... sauf bâtisseurs – la Roche d'Autremont dresse sa mystérieuse muraille. On a déjà trouvé dans son voisinage des vestiges gallo-romains, mais toujours pas de trésor, malgré la tradition locale qui veut qu'il y en ait un d'enterré.

Oise (60)

Beauvais

Capitale des Gaulois Bellovaques, Cæsaromagnus sous les Romains. Vestiges de remparts du IVe siècle. Église romane Saint-Étienne. Cathédrale Saint-Pierre gothique du XIIIe siècle, célèbre pour son chœur, le plus haut de France (48 m).

Chambly

Dans les Bois Hourdy s'est perpétuée longuement la tradition des brandons allumés pour le premier dimanche de Carême. Les fêtes d'équinoxe et de solstice sont le prétexte à des rituels, remontant à la préhistoire, qui allient l'Eau et le Feu.

Chantilly

Dans la forêt de Chantilly, le château de la Reine-Blanche a été édifié au XIXe siècle sur les ruines d'un ancien moulin. Mais selon la légende, ce moulin fut lui-même bâti sur les ruines d'un château construit par une reine de France prénommée Blanche, sans que l'on sache s'il s'agit de Blanche de Castille, mère de saint Louis, ou de Blanche de Navarre, seconde épouse de Philippe VI de Valois. Le lieu, qui était hanté, l'est toujours : les vraies Reines Blanches qui l'occupent depuis des temps immémoriaux sont des fées !

Ivry-le-Temple

Comme son nom l'indique, cet Ivry-là (il y en a plusieurs en France) fut une base templière. La commanderie qui y était installée, et dont il ne reste que des ruines, possédait une crypte, comme beaucoup de bâtiments templiers. Dans cette profonde crypte, des coffres qui contiendraient des objets de culte et des monnaies en métaux précieux mis là pour les dérober à la rapacité de Philippe IV le Bel, attendraient que quelqu'un vienne les ouvrir.

Orne (61)

Alençon

Sainte Thérèse de Lisieux (fête le 1er octobre) née Thérèse Martin à Alençon en 1873 y a toujours sa maison natale. Issue d'une famille de la petite bourgeoisie (son père était horloger, sa mère dentellière), elle entra au Carmel de Lisieux à 15 ans, comme ses quatre sœurs. Elle y mourut de tuberculose, à 24 ans. Sa tombe devenue un lieu de pèlerinage (on l'invoquait contre la tuberculose et les maladies pulmonaires) le clergé fit édifier à *Lisieux* une immense basilique pour recevoir tous les pèlerins.

Bailleul

La Calotte rouge est une grotte où aurait vécu une fée. Les fées sont effectivement associées soit aux mégalithes, soit aux grottes. À proximité, la Pierre-aux-Pas-de-Bœufs porte les empreintes de la griffe du Diable. Les taureaux, eux aussi, sont parfois considérés comme sataniques.

Cramenil

Un menhir a servi d'affûtoir à Gargantua. Le géant eut maille à partir avec sainte Opportune qui lui jeta un rocher à la tête, et avec saint Pierre. Celui-ci fit le pari de faucher un champ en moins de temps que Gargantua et, grâce à la prière, le saint gagna.

Flers

Selon une légende, un monastère y serait englouti. La Pierre-au-Diable de Caligny est un bloc de granit taillé en forme de siège. Le Diable ou une vieille fileuse (fée du destin) viennent s'y asseoir la nuit.

La Forêt-Auvray

Un seigneur, amoureux de la Fée du Bohain l'avait épousée à condition de ne jamais prononcer devant elle le mot « mort ». Un jour, se plaignant de lenteur de la fée à faire sa toilette, il l'apostropha : « Vous êtes encore plus lente que les chevaux de la Mort ! » Il perdit aussitôt sa femme, mais pas son trésor, qu'il enfouit et que personne n'a encore trouvé. Quant à la fée, en disparaissant, elle laissa l'empreinte de sa main sur l'appui d'une fenêtre.

Pas-de-Calais (62)

Beaurains

En 1922, les ouvriers d'une fabrique de briquets y trouvèrent des bijoux et de la monnaie gallo-romains, qu'ils se hâtèrent de disperser avant que les autorités ne s'en saisissent.

Camblain-Chatelain

La Chaussée Brunehaut traverse une forêt et dans une clairière, on montre la Pelouse aux Fées, où elles dansaient au clair de lune.

Gauchin-Le-Gal

Sur la place du village, un rocher, nommé Gal, est enchaîné, car autrefois il allait frapper à la porte des maris trompés.

Matringhem

Le Grand Trou doit être évité par les enfants : la Marie Grauette, une sorcière tapie au fond de l'eau, les happe avec un crochet et les noie en les entraînant au fond de l'eau.

Rocquigny

L'abbaye de Rocquigny fut, sous la Révolution, abandonnée par ses moines qui, auparavant, enterrèrent leur trésor. On a retrouvé, vers 1960, des pièces de vaisselle en métaux précieux dans son enceinte. De quoi stimuler les recherches de reliquaires et autres ciboires trop encombrants pour tenir dans des besaces de moines en exil.

Sailly-en-Ostrevent

Les Sept-Bonnettes correspondent à un cromlech, érigé sur un tertre artificiel, de six blocs énormes. Six filles et un musicien allèrent danser là pendant la messe et tous furent pétrifiés. La septième pierre aurait été dérobée.

Samer

Blanque Jument, qui allonge son encolure, invite les passants à la monter, puis les précipite dans la rivière.

Puy-de-Dôme (63)

Clermont-Ferrand

Cité romaine (Augustonemetum), cité épiscopale d'où, en 1095, le pape Urbain II appelle à la 1ere croisade. Cathédrale Notre-Dame-de-l'Assomption des XIII-XIVe siècles. Basilique romane Notre-Dame-du-Port du XIIe siècle. Dans les environs se trouve Gergovie, sans que l'on sache exactement où, ce qui ne fait que compliquer la recherche du trésor que Vercingétorix y aurait laissé, avant d'aller affronter César à Alésia (dont on ignore aussi l'emplacement exact)... Ce trésor serait dissimulé dans une grotte murée, et composé d'objets de culte druidique.

Parmi les volcans qui entourent la ville, le Sarcoui, au nord-ouest, dont les laves, qui ont la propriété d'absorber les liquides, servirent à faire des sarcophages. Les corps qui y étaient déposés se momifiaient sans qu'il soit besoin de les travailler à la façon des momies égyptiennes.

Besse-en-Chandesse

Le Lac Pavin a des eaux noires à glacer le sang. Selon les dires, il n'a pas de fond et l'imprudent qui aurait l'inconscience d'y jeter une pierre déclencherait un orage qui anéantirait tout.

Issoire

L'église Saint-Austremoine aurait été bâtie avec les pierres du monastère fondé par le saint au IIIe siècle (plus sûrement au XIe siècle). Austremoine (ou Austromoine, « le moine qui vient du sud) serait un juif d'Emmaüs converti au christianisme qui, vers 250, aurait quitté Rome en compagnie de six autres évêques (dont saint Nectaire, autre gloire épiscopale locale) pour évangéliser les Gaules. Premier évêque de Clermont, Austremoine se serait retiré à Issoire et y serait mort. À peine enterré, les miracles se répétèrent autour de son tombeau, s'il faut en croire Grégoire de Tours (« Cautinus alors diacre (et depuis évêque d'Iciodorus ([Issoire]), chargé de gouverner l'église du lieu, s'aperçut que ce tombeau était sanctifié par des miracles »).

Aussi s'arracha-t-on ses reliques. Son corps fut transféré dans un premier temps à Volvic, puis dans l'abbaye de Mozac, en dépit des protestations du clergé d'Issoire et de Clermont. Finalement, au IXe siècle, sa tête fut ramenée à Issoire.

Saint-Germain-L'Herm

Haut lieu légendaire. Le nom d'Herm se rapporte-t-il au dieu Hermès, qui gardait les carrefours ? La Pierre des Prades a pu faire partie d'un alignement : il en reste l'Homme, un monolithe conique et la Grosse-Femme, une pierre de taille respectable et passablement ventrue. À la Roche Combaud, un ensemble de blocs qui forme une cavité, les jeunes se réunissaient à Pâques pour manger des œufs. Coutume qui remonte à la nuit des temps, notamment en Grande-Bretagne. La Tombe du Soldat est une pierre ronde. On raconte qu'elle se soulève à minuit, le soir de Noël, et qu'un guerrier, monté sur un char d'or, en surgit. Célébration du solstice d'hiver, et mythe luni-solaire, datant de la protohistoire ? Au cours de la nuit la plus longue, le char du Soleil franchissait alors le gué pour annoncer l'année nouvelle. Une Pierre noire, couleur de la Terre, constellée de cupules, ne possède pas, elle, malgré son aspect curieux, de légende propre.

Saint-Gervazy

Site préhistorique : allée couverte de L'Ustau du Loup.

Pyrénées-Atlantiques (64)

Ahusquy

Dans les sauvages alpages d'Ahusquy, entre Mauléon et Saint-Jean-Pied-de-Port, à 1075 mètres d'altitude, une source dont les eaux passaient pour guérir aussi bien de la goutte que de la gravelle (pierres dans les reins) ou des maux d'estomac.

Arbonne

À proximité de ce village dans la circonscription de Bidart, en direction de Bayonne, des soldats anglais de Wellington, en 1814, auraient enterré un trésor de guerre avec l'intention de revenir le chercher lorsque leur général aurait battu Napoléon Ier. Mais, périrent-ils à Waterloo où sur un autre champ de bataille, jamais on ne les revit ?

Aussurucq

Du côté des Pyrénées, les lutins ont pour nom laminaks. Comme partout, ils veulent bien rendre des services aux humains, mais il faut avoir de la reconnaissance envers eux et ne pas chercher à leur jouer des tours. Un jour, un homme leur vola un peigne d'or et le lendemain, son champ fut entièrement rempli de rochers. Il lui fallut rapporter le peigne pour que le maléfice s'efface.

Bidarray

Ici le Diable voulut apprendre le basque, mais comme cette langue est d'origine divine, ses tentatives échouèrent. De dépit, il alla se noyer dans la Nive, en sautant depuis le Pont de l'Enfer.

Camou-Mixe

Dans la Grotte d'Otzibare vit un monstre particulier au folklore basque : le Taureau rouge.

Espelette

Espeles signifie buis, lequel possède des vertus mystiques et magiques : il fait connaître la vérité.

Esquiule

Ici les laminaks (lutins) ne sont ici pas plus gros qu'une mouche et bourdonnent comme elle, pour indiquer la fin de leurs travaux.

Hasparren

Il faut parfois penser aux laminaks, petits êtres bienfaisants et immortels, car il leur arrive de pleurer la nuit. Cette manifestation d'amitié les apaise. D'autant qu'à cause de leur petite taille, ils tombent dans les cheminées et rôtissent malencontreusement.

Un trésor légendaire est toujours enfoui dans les fondations de la tour Saint-Martin, en ruines. Il était gardé par un dragon qui disparut après l'intervention d'un exorciste ou d'un ermite. D'autres trésors, avec ou sans dragons, attendraient aussi leurs découvreurs, dans les grottes avoisinantes.

Isturitz

Grotte préhistorique (paléolithique supérieur).

Itxassou

Dans un défilé nommé la Porte dangereuse se situe le Pas de Roland. Dans les Pyrénées, le Geste du neveu de Charlemagne a enflammé les imaginations et nombreux sont les vallées étroites, dolmens, rochers consacrés à l'évocation des exploits du preux chevalier. Dans un autre vallon, aussi inaccessible, se situe le Jardin du Diable. Il y pousse des plantes rares et des fruits merveilleux, mais personne n'a le droit d'y pénétrer, sous peine de se retrouver pétrifié.

Licq-Atherey

Encore une histoire de laminaks qui démontre leur parenté avec le Diable, lequel n'opère que la nuit. Ils acceptèrent de bâtir un pont pour les habitants du village, mais il leur fallait impérativement avoir fini avant le premier chant du coq. Pour plus de précautions, car l'ouvrage d'art était important, ils ensorcelèrent toute la volaille et se mirent au travail. Au petit matin, alors qu'il ne restait plus qu'à poser la dernière pierre, un poussin encore dans l'œuf fit retentir un étourdissant cocorico. Les laminaks s'enfuirent, laissant leur œuvre inachevée.

Saint-Martin-d'Arberoue

Grotte préhistorique ornée.

Saint-Pée-sur-Nivelle

La tour carrée envahie de lierre est le dernier vestige du « château des sorcières. » C'est là que Pierre de Lancre (1553-1631), magistrat de Bordeaux marié à la petite-nièce de Montaigne, jugea et envoya au bûcher sous l'accusation de sorcellerie plus de cinq cents personnes. Lors d'un voyage en Italie, il avait assisté à des exorcismes qui l'avaient convaincu de l'existence du démon. Démon qui selon lui se réincarnait dans les juifs, les protestants, les Bohémiens et les Basques. Envoyé en mission purificatrice en Pays Basque, il y fit régner la terreur, provoquant un exil des populations vers l'Espagne. Les aveux qu'il arracha, par la suggestion et la torture, à ses victimes permirent à ce scribe aussi minutieux que fou de faire des descriptions du sabbat qui firent longtemps « autorité » auprès des inquisiteurs.

Sauveterre-de-Béarn

Du vieux pont qui surplombe le gave d'Oloron, en 1170, la reine Sancie, épouse de Robert, roi d'Anjou et de Naples, soupçonnée d'infanticide, fut jetée pieds et mains liés. C'était le jugement de Dieu. Il fut favorable, puisque la reine surnagea et put regagner son trône.

Hautes-Pyrénées (65)

Cauterets

A la cascade du Cerisay, un géant enleva la femme d'un tisserand, qu'il retint captive pendant huit ans. La malheureuse mit au monde un enfant horriblement bestial et brutal. Cette histoire a des points communs avec celle de Jean de l'Ours et le géant se substitue ici à l'ours (ou ogre).

La Bastide

Site préhistorique (grotte).

Luz-Saint-Sauveur

Un serpent monstrueux épouvantait toute la région. Il était si grand que sa tête touchait le pic de Bigorre et que sa queue atteignait le Cirque de Gavarnie. Un jour, il se mit en tête de construire une église. N'a-t-on jamais vu un suppôt de Satan bâtir un édifice religieux ? La grêle tomba, détruisant tout !

Une fée bienveillante aurait révélé les pouvoirs miraculeux d'une source procréatrice à une bergère qui ne pouvait avoir d'enfant. Trois autres fées apparaissaient sur les hauteurs du Bergons, espérant que des bergers s'éprendraient d'elles. Il arrive parfois que les fées épousent les pâtres, mais ceux-ci doivent faire preuve d'une fidélité irréprochable, sinon la pétrification est le prix à payer pour leur faute. Le nom de Luz se rattache à celui de Loucetios, ou Lug.

Pyrénées-Orientales (66)

Amélie-les-Bains

Ici a survécu une tradition dont l'origine est à rechercher dans la préhistoire. Une procession conduit dans les rues de la ville un bœuf rouge, maintenant fait de bois et d'étoffes de couleur et une jeune fille, dont il est amoureux. La fin de la cérémonie voit la mise à mort du taureau. On songe au mariage annuel de la Déesse-Mère et de son fils-amant-taureau, au néolithique. Les thermes datent des Romains. Siège d'une importante abbaye fondée en 778, puis transférée au XIe siècle à Arles-sur-Tech, à la suite d'un raid de pillards vikings.

Argelès-sur-Mer

Des républicains espagnols auraient en 1936 enterré dans le sable de la plage des lingots d'or. Mais quand les survivants du groupe voulurent le récupérer, ils ne purent en retrouver l'emplacement exact…

Arles-sur-Tech

Une mascarade se déroulait dans les rues, comprenant Rosetta, une jeune fille, des hommes à double masque de Janus représentant des chasseurs et un ours. Ce dernier enlevait Rosetta et l'entraînait dans sa caverne.

Les chasseurs se précipitaient et tout finissait par la mise à mort de l'ours. À quand remonte ce rite ? On y distingue le lien entre la chasse et le changement d'année, mais aussi une adaptation de l'épopée de Jean de l'Ours où le monstre, venu des Enfers, s'empare d'une jeune fille.

Enveigt

Sites mégalithiques.

Tautavel

Site préhistorique.

Bas-Rhin (67)

Donon (massif du)

Le Donon, qui culmine à plus de 1000 mètres fut, pour les Celtes, une montagne sacrée. Des pierres votives et des restes de temples sont encore visibles. Près du sommet, une stèle dédiée à Smertulus, le dieu au cerf, animal qu'il sacrifiait rituellement à l'époque de la Chandeleur, à la fête d'Imbolc (lustration), purification marquant la fin de la période hivernale.

Epfig

Dans le cimetière, la chapelle Sainte-Marguerite, restaurée au XIXe siècle, garde le secret de l'ossuaire qu'on y a retrouvé. Paysans massacrés pendant les guerres de Religion, ou soldats des armées de Turenne lorsqu'en 1674, il livra plusieurs batailles en Alsace contre les princes allemands coalisés par les Habsbourg ?

Ingwiller

Dans les bois de Schnaizwald pousse l'herbe d'égarement. Sans doute est-ce l'un des rares lieux en France où persiste une telle légende. Elle sert généralement de prélude à l'histoire d'une belle jeune fille enivrée par son parfum, et qui est ravie par un monstre, ours, dragon ou géant. Lequel la séquestre dans une sombre caverne jusqu'à ce que survienne un courageux prince charmant…

Mont Sainte-Odile

Une étrange muraille de blocs de pierre longue d'une dizaine de kilomètres encercle le, sous le nom de « Mur païen », le mont dédiée à la sainte et à son monastère. On ignore par qui et pourquoi il a été érigé. Dans ses parages, des grottes des Druides, en fait des dolmens-abris, et une clairière dite plateau des Fées, ou plateau des Sorcières, qui rappellent que, malgré les efforts de sainte Odile, les vieilles traditions celtiques sont restées vivaces.

Ottrot

Chasse infernale dans la vallée de Saint-Gorgon et à proximité du Rocher du Bouc. Saint Gorgon a d'indubitables liens avec Gargantua et la très ancienne race des géants, qui a bâti les dolmens et les menhirs. Le Bouc vient tout droit de l'Enfer. Quant à la chasse, elle fait appel aux revenants de tous bords. Ici, le chasseur de l'ombre se nomme Hu-Ta-Ta et il a trois chiens blancs pour compagnons.

Schneeberg

La montagne du Schneeberg, à une vingtaine de kilomètres de Salerne, a à son sommet, sur un plateau rocheux, le Lottelfels, une pierre qui bouge les nuits de pleine lune. Il devait, avec les rochers à cupules qui l'entourent, être le cadre de pratiques druidiques ; d'ailleurs, les fées continuent à hanter les lieux. Mais le Lottelfels avait aussi d'autres fonctions, judiciaires celles-là : les femmes soupçonnées d'adultère devaient, en enlaçant le rocher, le faire bouger. Si elles y parvenaient, elles étaient innocentées ; dans le cas contraire, elles étaient jetées dans le vide ! Quant aux filles vierges qui parvenaient à l'ébranler, elles trouvaient un mari dans l'année.

Wangen

Ce village conserve une tradition archaïque, qui remonte sans doute à la protohistoire, celle de faire tourner des roues enflammées le premier dimanche de Carême.

Wissembourg

Le roi Dagobert Ier y fit édifier en 623 une abbaye. Plus tard, des seigneurs, s'étant affranchis de la tutelle des moines, y firent bâtir le château Saint-Paul. Dans ses souterrains y serait caché un trésor gardé par un immense chien noir. Surveillance aussi efficace que mystérieuse, car ni lors des pillages de la guerre de Trente Ans, ni pendant les combats de 1793, au cours desquels Hoche repousse les Autrichiens, ni pendant l'affrontement du 4 août 1870, où un corps de l'armée de Napoléon III fut battu par les troupes de Bismarck, on a vu apparaître le chien, que le vacarme aurait dû alerter, ni trouvé le trésor. Église romano-gothique des XIII-XIVe siècles.

Haut-Rhin (68)

Illzach

Étrange histoire de trésor. Tous les sept ans, apparaît près d'un étang une Dame Blonde, femme merveilleuse, richement vêtue, couverte de bijoux et tenant une clef à la main. Celui qui ose la suivre jusqu'à un grand feu ardent doit s'armer de courage et creuser au cœur même des cendres. Un souterrain s'ouvre là, promesse d'un inestimable trésor. Mais attention à la Fée, qui a le pouvoir de se transformer en crapaud !

Rixheim

Site préhistorique : nécropole.

Taennchel (massif de)

Entre Sainte-Marie-aux-Mines et Ribeauvillé, le massif de Taennchel possède plusieurs sites mystérieux, cheminées de fée et rochers étrangement sculptés par la nature. Le Rocher des Géants serait le vestige d'un immense pont qui enjambait la vallée. Des fées locales l'avaient érigé en psalmodiant une formule magique ; formule qui devait être répétée à l'aube de chaque jour. Mais un lendemain des fêtes de la Saint-Jean d'été, les fées, fatiguées par une nuit de danse, oublièrent leur récitation... Et le pont s'effondra !

Zimmerbach

Une princesse a été métamorphosée en un monstre mi-femme et mi-dragon, par une méchante fée. Certains soirs, elle se lamente dans les ruines. Seul le baiser d'un héros pourrait lui rendre sa première apparence. Un homme qui tentait de la délivrer vit surgir un dragon, et prit la fuite.

Rhône (69)

Arginy

Le donjon du château d'Arginy, ou son souterrain, à Beaujeu, a-t-il contenu le trésor et les archives secrètes des Templiers. Beaujeu, neveu du grand Maître Jacques de Molay, envoyé au bûcher par le roi Philippe le Bel, aurait reçu de lui, avant son exécution, les secrets et la fortune du Temple (des diamants, reliques et pierreries rapportées d'Orient)…

Les fouilles, jusqu'ici, sont restées vaines.

Beaujeu

La capitale du Beaujolais et tout le pays furent des étapes privilégiées pour Gargantua qui ensuite franchit le Rhône pour se rendre en Bresse, où il avait ses quartiers. Mais il arrivait aussi que le Diable et saint Martin se disputent la possession des monts environnants : ici, tout n'est que collines !

Pierre bénite

Bloc rocheux à empreinte de croix, où les mariniers jetaient de l'eau bénite, lors du passage particulièrement périlleux d'un coude sur le Rhône. Ici la légende a donné son nom à la ville.

Saint-Just d'Avray

Un jour, au Crêt de Néry un cochon envoyé à la glandée revint avec une bourse autour du cou. Le lendemain, on le lâcha à nouveau, en espérant semblable aubaine : mais il ne revint pas. Les fées l'avaient payé d'avance, et mangé !

Vauxrenard

Sur le mont Gourry, une enceinte rectangulaire rudimentaire de pierres passe pour être le tombeau de Gargantua. On y a même dressé une croix ! À côté vivaient les fées, ou Fayulles. Saint Martin y a fontaine et une pierre, connue également comme la Pierre des Fées ou la Pierre des Sarrasins. Le saint se moquait du Diable parce qu'il portait de petites pierres au sommet du Mont. Celui-ci, piqué, mit au défi l'homme d'Église, qui dût faire appel à des bœufs, prêtés par le Christ, pour ne pas être tourné en dérision par son adversaire.

Haute-Saône (70)

Aroz

Une dalle percée d'un orifice circulaire est le seul vestige d'un dolmen ruiné. Ce trou d'homme a enflammé les imaginations qui y virent une pierre druidique où l'on décapitait les prisonniers de guerre.

Champlitte

Le château fort de Champlitte, propriété des sires de Vergy, une famille cousine des comtes de Champagne, eut à subir de nombreux assauts au cours de son histoire. C'était déjà une place forte mérovingienne, et Henri IV l'assiégea jusqu'à ce que les occupants lui versent une rançon, moitié en écus, moitié en vin. Avant de partir pour une croisade, un des sires de Vergy enterra un trésor dans les souterrains de son château. Et c'est dans ces souterrains où il s'était égaré, qu'un habitant de la localité, en 1967, découvrit derrière une dalle des sépultures estimées remontant au IIIe siècle. Un éboulement ayant compromis la poursuite des fouilles, on n'y a rien retrouvé depuis.

Luxeuil-les-Bains

Site thermal gallo-romain. Basilique Saint-Pierre des XIII-XIVe siècles. Réputée pour ses sources chaudes, Luxeuil est habitée depuis la protohistoire. À citer plusieurs sources miraculeuses. Des lieux surnaturels sont hantés, les uns par des Dames Blanches comme le Château de Beaudoncourt ou le Trou-aux-Fées ; d'autres par le Diable, comme le Champ d'Enfer ; d'autres encore par quelque divinité gauloise, comme la Fontaine Bélot (Belenos). Colomban, moine irlandais, fonda en 591 l'abbaye de Luxeuil, où les moines devaient obéir à une règle aussi sévère qu'ascétique. La reine Brunehaut (celle qui mourut attachée à la queue d'un cheval indompté) chassa Colomban de ses États, mais l'abbaye (qui eut pour « filles » notamment les abbayes de Jumièges et de Fontaines) resta. Elle fut, avant que l'abbaye de Cluny ne la détrône, l'un des plus grands centres intellectuels et religieux de l'Occident chrétien. Les Sarrasins, les Vikings la brûlèrent, et, sous la Révolution, ses moines furent chassés. Avant de fuir, ils auraient eu le temps de cacher deux statues d'or de saints…

Saône-et-Loire (71)

Autun

Cité romaine fondée en territoire éduen, résidence du préfet des Gaules. Nombreux vestiges gallo-romains (théâtre, porte, temples). Cathédrale romane st-Lazare du XIIe siècle, avec son tympan, dit du Jugement dernier, à comparer avec celui de Vézelay. Ville universitaire et capitale gallo-romaine, Autun est riche en vestiges. En 1857, on trouva dans un puits asséché des pièces d'or à l'effigie de divers empereurs romains. Ce n'était pas encore le légendaire trésor que des druides, pourchassés par le pouvoir impérial, auraient caché dans la ville avant de la fuir. Dans la banlieue existait un alignement de menhirs, nommé le Champ de la Justice, où étaient réglés les litiges.

Azé

Site préhistorique (grottes) et musée.

Ballore

Chasse maudite d'un seigneur poursuivant un gibier toujours insaisissable. Dans la forêt, une pierre porte des gravures et des cupules creusées à la protohistoire et considérées comme les griffes du Diable (pierre à empreintes).

Chassey

Site préhistorique fortifié.

Chatenay

On y cherche encore, dans les rochers proches du château de Crusille, les louis d'or que cacha Henri-Camille de Colmont avant d'être guillotiné sous la Révolution.

Cluny

L'immense monastère, érigé entre les Xe et XIIe siècles, fut le haut lieu spirituel de l'Occident médiéval. Son architecture fut la référence de l'art roman. L'ensemble fut en partie détruit sous la Révolution.

Couches

Église Saint-Martin et château du XVe siècle. Dans les environs (Époigny), pierres dressées.

Louhans

Au pied des remparts de Louhans, ville qui gardait le souvenir des atrocités qui y avaient été commises pendant les guerres de Religion, un trésor aurait été caché sous la Révolution par des citoyens décidés à la fuir.

Massy

Site préhistorique : menhir.

Paray-le-Monial

Basilique du Sacré-Cœur, église romane de l'ancien prieuré bénédictin fondé au XIe siècle. L'Hôtel de Ville, dit maison Jayet, du nom de son ancien propriétaire, édifié à la Renaissance, comporte des symboles alchimiques en plusieurs endroits.

Solutré-Pouilly

Site préhistorique (paléolithique supérieur) et musée. Lieu de pèlerinage lors de la présidence de François Mitterrand, qui en faisait, à la Pentecôte, l'ascension, la roche de Solutré était utilisée par l'homme de Cro-Magnon comme terrain de chasse : on retrouva, en 1866, au pied de la roche, des ossements de chevaux, d'aurochs et de mammouths sur une épaisseur de 2m. Un cimetière s'étendant sur 4000 m^2 ! Les premiers archéologues crurent que les hommes préhistoriques rassemblaient au sommet de la roche les troupeaux pour ensuite, en les effrayant, les précipiter dans un vide de 400 m. Mais des études récentes plus approfondies ont montré que les animaux avaient été tués au pied du rocher... On ne sait toujours pas pourquoi ici et non ailleurs.

Sarthe (72)

Le Mans

Capitale des Gaulois Aulerci Cenomani, cité gallo-romaine fortifiée (enceinte conservée). Cathédrale romane Saint-Julien des XI-XVe siècle. Abbatiale romano-gothique Notre-Dame. Adossé à la cathédrale Saint-Julien se dresse un menhir issu du fond des âges et objet de curieuses pratiques. Il est appelé Caillou de Gargantua ou Pierre du Sang ou encore Pierre des Païens et fait partie des innombrables pierres que le géant a semé sur son chemin. Jadis, les femmes venaient s'y frotter le ventre pour avoir des enfants. Pendant la Révolution, en 1792, la supérieure du couvent des Ursulines de la ville, avant d'évacuer les locaux saisis par la République, qui voulait en faire une prison (ce qui fut le cas pour de nombreux monastères : Cîteaux, Fontevrault, Mont-Saint-Michel...) cacha un trésor, dont elle fit dresser l'inventaire (chandeliers, reliquaires, crucifix...), dans un souterrain. Ce souterrain reliait le couvent à une propriété voisine. Le maçon qui fut chargé de l'opération et l'abbesse moururent sans en avouer plus, et le couvent fut démoli. À la fin du XIXe siècle, un descendant de la famille de Beauharnais finança des fouilles minutieuses pour retrouver ce trésor estimé à l'époque à cinq millions de francs-or. En vain. Une rumeur prétendit alors que quelques années auparavant, l'occupant d'une maison proche s'était livré à des fouilles clandestines, et qu'il avait ensuite mystérieusement disparu. Avec le trésor ? Le passage souterrain fut, lui, retrouvé par des terrassiers en 1910, puis rebouché.

Savoie (73)

Aiguebelle-le-Lac

Une riche cité, avec des palais, s'élevait à la place du lac. Un soir, un mendiant qui demandait l'aumône fut rejeté et ne trouva refuge qu'auprès d'une pauvre vieille dans sa chaumière. Le lendemain, quand la femme ouvrit les yeux, elle vit un immense lac avec deux îles et un fantôme marchant sur les eaux... Sur la plus grande des îles ont été découverts un bloc creusé de bassins et les vestiges d'une station lacustre néolithique.

Aime

Église romane Saint-Pierre. Gargantua après s'être frayé un passage du côté du Mont Gargan, aurait lancé la Pierra Menta et l'aurait fichée en terre. À proximité se situe la Marmite du Géant.

Aix-les-Bains

Cité romaine depuis César. Vestiges romains. Au Mont-du-Chat, un paysan qui rentrait du bois au clair de lune aperçut une multitude de gens bien vêtus se rendant à une fête infernale à laquelle il se vit convié, lui aussi. Il put approcher de belles-dames, mais au matin se réveilla sur son fagot. Rocher légendaire du Saut de la Pucelle : traditionnelle histoire de la jeune fille poursuivie par les assiduités d'un seigneur voisin, qui préfère au mariage forcé le saut dans le vide, et se trouve miraculeusement sauvée.

Albiez-Montrond

La Pierre du Sacrifice, située dans un pré voisin du village, qui livra des sépultures de l'âge du Fer, est une table couverte de 211 cupules. Un culte dédié aux Aiguilles d'Arves paraît attesté et de nombreuses légendes lui sont attachées. Un esprit de la montagne viendrait hanter ces lieux et pour l'apaiser, seul le sacrifice de jeunes vierges saurait à le satisfaire. D'autres racontent que les fées y auraient caché leur trésor.

Lanslevillard

Chapelle du XVe siècle. Haut lieu de l'art rupestre protohistorique. Citons le Rocher des Sarrasins avec une spirale et une idole gravées ; la Pierre des Saints ou Pierre de Chantelouve où se voient des empreintes en forme de pied, des croix et quelque cent-cinquante cupules ; la Pierre du Soleil et son étrange labyrinthe.

Saint-Martin-de-Belleville

Dans le hameau de Villarenger, la Piera Cheveta, une roche noire constellée de cupules et de croix est censée protéger le village contre les incendies et les inondations.

Seez

Au col du Petit-Saint-Bernard, se dressait autrefois le Cercle d'Hannibal (ou Cromlech du Petit-Saint-Bernard), une ellipse de soixante-trois pierres dressées. Pétrone, dans le *Satiricon*, mentionne ce lieu et ses autels consacrés à Hercule.

Haute-Savoie (74)

Allinges

Plusieurs pierres légendaires portent des cupules : la Pierre de Gauvin, la Pierre Noire, située à proximité de sépultures anciennes ou encore la Pierre du Diable.

Il s'agit d'un bloc poli, portant treize cupules et que le Diable aurait jeté là. Ici aussi, découverte d'une nécropole à proximité.

Annecy

Cité romaine fondée en 122 av. J.-C., rattachée à la France en 1481. Château des ducs de Savoie et cathédrale du XVIe siècle. Maisons à arcades du XVIIe siècle, comme l'église Saint-François. Le trésor des moines du Saint-Sépulcre serait toujours enfoui dans le souterrain qui avait été creusé sous leur ancien couvent.

Arbusigny

À la Pierre-au-cheval s'attache le souvenir d'un cheval magique sautant d'un bond la Salève.

Cranves

Site préhistorique : dolmen.

Gruffy

En aval du pont de l'Abîme se dresse la Pierre des Fées, que des dames blanches ont fait descendre depuis la montagne, sans cesser de filer la quenouille.

Les Houches

La Marmite à Marguent est un bloc avec bassin. Par une nuit d'orage, trois bûcherons se trouvaient réunis et si deux d'entre eux se signaient à chaque éclair, le troisième, Marguent, se moquait d'eux. Il fut pétrifié pour son impiété.

Magland

La Pirra aux Fayes, près de l'Arve, est un lieu où les fées se réunissaient, donnant de l'or à qui leur apportait du lait. Dans la Grotte de la Balme, un bouc noir garde l'entrée d'un puits qui recèle un trésor.

Saint-Cergues

Un dolmen porte le nom de la Cave aux fées. Sur la même commune, la Pierre à Dîner (pierre à empreintes) donne quelques indices sur les festins des fées.

Paris (75)

Cité des Gaulois Parisii, bourgade gallo-romaine, capitale de Clovis, puis des Capétiens. Vestiges gallo-romains du IIIe siècle (Thermes de Cluny, Arènes de Lutèce). Édifices gothiques : cathédrale Notre-Dame commencée au XIIe siècle, Sainte-Chapelle, Saint-Germain-l'Auxerrois, Saint-Gervais, Saint-Séverin... Édifice roman : Saint-Germain-des-Prés. Église Saint-Sulpice du XVIIIe siècle... On retrouve la plupart des époques au hasard des quartiers. Les compagnons d'Hercule se seraient établis à Paris, à moins que ce ne soient les Troyens. Le Cromlech de Sainte-Geneviève, connu par des images anciennes, montre la sainte avec ses moutons dans un cercle de pierres dressées, avec les tours de Notre-Dame dans le lointain, ou le dolmen du Gros caillou. La rue du Dragon conserve le souvenir d'un dragon oublié et la rue de la Tombe-Issoire d'un géant, nommé Isoré, beaucoup moins populaire que Gargantua, mais qui a néanmoins laissé des traces dans de nombreuses provinces françaises.

Les alchimistes peuvent aller se recueillir devant la maison de Nicolas Flamel*, 51 rue de Montmorency (IIIe arrondissement), ou devant sa pierre tombale, au musée de Cluny (il y viendrait aussi, incognito, car l'élixir de longue vie qu'il mit au point serait encore actif ; ceux qui croient aux esprits iront au cimetière du Père Lachaise, sur la tombe d'Allan Kardec*, et après avoir enjambé les fleurs qui la couvrent, toucheront son buste de bronze, afin de se recharger en fluide.

Seine-Maritime (76)

Blangy-sur-Bresle

Site préhistorique de Campigny (campignien) néolithique moyen.

Caudebec-en-Caux

Église Notre-Dame en gothique flamboyant des XVe et XVIe siècles. Cité médiévale prospère, Caudebec abrita des Templiers. Plus tard, ses habitants optèrent pour la Réforme, et beaucoup durent s'exiler lors de la révocation de l'édit de Nantes. D'où plusieurs légendes concernant des trésors, soit templiers (l'un des chefs de la commanderie fut un certain Raoul de Maupassant) soit parpaillots. L'un de ces trésors aurait été enterré sous la Pierre-qui-tourne (sept fois sur elle-même, et uniquement pendant la messe de minuit, à Noël), sur la route de Villequier. Mais la Pierre est surveillée par un dragon, et des dames blanches...

Colleville

Dans le vallon d'Orival se trouvent des grottes que nul n'oserait aller visiter, car on y aurait emprisonné le Diable.

Dieppe

Le Nain Rouge y dévore les enfants qui vont se baigner. Église Saint-Jacques des XIII-XVIe siècle, avec décor flamboyant. Château du XVe siècle.

Étretat

Église N-D des XI-XIIIe siècles. Avant qu'Arsène Lupin n'y transforme l'aiguille creuse en repaire, les légendes locales prétendent que, dans les trous des célèbres falaises crayeuses, des contrebandiers ont abandonné leur butin...

Jumièges

Les moines de la célèbre et riche abbaye, fondée en 654, qui recueillirent les « énervés de Jumièges », deux ennemis de Charlemagne, Tassilon duc de Bavière et son fils, dont on avait coupé les tendons des jambes avant de les abandonner au fil de la Seine, avaient l'habitude d'être la cible des pillards. Des hordes de Vikings jusqu'aux sans-culottes de la Révolution française, ils usaient de la même stratégie : ils enterraient dans son souterrain le trésor de l'abbaye, et prenaient la fuite. Un if, au milieu du cloître, servait de repère… Qui y retrouvera, parmi les ruines de ce haut lieu spirituel normand pendant le Moyen Âge, la statue en or massif de saint Philibert, fondateur du monastère et de celui de Noirmoutier, qui y serait couchée ?

Seine-et-Marne (77)

Beautheil

Le Pignon de Sainte-Aubierge est un menhir que sainte Flodoberte aurait apporté à sainte Aubierge pour l'aider à bâtir une chapelle. Mais la sainte avait du retard et la pierre resta inemployée. Quand ce ne sont pas les fées, les nains ou les géants qui transportent les mégalithes, il faut bien que les saints ou saintes se dévouent !

Chelles

Site préhistorique (paléolithique). Vestiges d'une abbaye mérovingienne du VIIe siècle.

Fontainebleau

De Philippe-Auguste à Napoléon Ier, résidence royale et impériale. Château XVI-XVIIe siècles. Une forêt idéale, sur le plan légendaire. On ne compte plus les cerfs miraculeux qui ont sauvé Clovis ou fait accourir Jeanne d'Arc. Le cerf apparaît à la fois comme un animal solaire et un passeur, pour ceux qui rejoignent le domaine des ombres. Le Loup, animal des ténèbres, participe également à la fête et un condamné vit sa peine remise pour avoir réussi à tuer l'un de ces monstres, issus de l'Enfer. Mais le morceau de choix demeure la chasse infernale. On dit même que Sully fut la victime effrayée d'un Grand Veneur, venu de nulle part et qui s'évanouit dans l'ombre, avec toute sa meute...

Messy

Il y avait, à Messy, une abbaye dont les moines se comportèrent comme les bandits de grand chemin qui infestaient encore les forêts de la région. Mais leur cause était juste... Ils auraient, en novembre 1793, aux pires heures de la Terreur révolutionnaire, détourné une ou plusieurs charrettes du convoi qui transportait les richesses de l'abbaye royale de Saint-Denis et de la Sainte-Chapelle pour les faire fondre. Puis ils seraient revenus dans leur abbaye, qui elle aussi allait être fermée, pour cacher leur butin. Malgré les recherches effectuées après la Seconde Guerre mondiale, preuve que cette hypothèse est restée crédible, il n'a jamais été retrouvé.

Nantouillet

Avocat, premier président du Parlement de Paris, précepteur de François Ier qui en fit son chancelier, Antoine Duprat entra dans les ordres en 1516. Cardinal en 1527, il fut, par son intransigeance à l'égard de la Réforme, celui par qui les guerres de Religion allaient arriver. Ses diverses fonctions lui avaient permis d'amasser une fortune considérable. Bien que réputé pour son avarice, il en utilisa une partie pour tenter d'acheter le conclave qui, en 1534, devait élire le successeur du pape Clément VII. En vain ; un autre cardinal fut désigné pour s'asseoir sur le trône de saint Pierre. De dépit, il s'enferma dans son château de Nantouillet, où il mourut, l'année suivante, en 1535, paraît-il vêtu de haillons et couvert de poux. Sa famille s'attendait à un héritage à hauteur de sa fortune supposée. Elle n'eut rien. Toutes les richesses acquises par le cardinal avaient disparu ! On pensa aussitôt qu'il les avait cachées dans le long souterrain (8 km) qui reliait le château au bourg de Dammartin-en-Goële. Les coffres de l'avide chancelier n'ont jamais été retrouvés.

Provins

Remparts XII-XIIIe s. Église St-Quiriace et église Saint-Ayoul du XIe siècle. Tour César, Hôtel-Dieu, Grange-aux-Dîmes du XIIe siècle. La colline de Provins, couronnée de remparts, est parcourue de galeries souterraines. Cette ville des comtes de Champagne était le siège d'une célèbre foire médiévale où les Flamands venaient vendre leurs draps aux Anglais. Prospérité marchande plus souterrains, cela suffit à susciter la curiosité des chasseurs de trésors. D'autant que les Templiers possédaient une préceptorie, dans la ville fortifiée. Il est vrai qu'on a déjà trouvé quelques pièces d'or dans des galeries, et que toutes n'ont pas été déblayées. Mais point d'authentiques trésors. Dans une ambiance moyenâgeuse, la ville propose, chaque année, sa Fête de la rose. Cette rose, qui orne ses armes, ne témoigne pas de la splendeur marchande, drapière ou horticole de Provins, quand Thibaud de Champagne, au XIIIe siècle, en était le suzerain, mais de l'occupation anglaise, pendant la guerre de Cent Ans. Edmond de Lancastre, gouverneur de la ville, lui offrit l'une des roses de son blason.

Rampillon

Les Templiers y avaient une commanderie. Un trésor est-il dans la riche terre briarde ?

Vaux-le-Vicomte

Château du XVIIe siècle, bâti par Fouquet, qui servit de modèle à celui de Versailles, et qui lui valut sa disgrâce : à la splendeur de son château, le jeune roi estima son surintendant trop riche pour être honnête, et demanda à l'adjoint de celui-ci, le jeune Colbert, de mettre à jour les malversations de son maître. Il fut arrêté par d'Artagnan, capitaine des mousquetaires du roi. Lors de son procès, Fouquet sauva sa tête, et fut condamné à la prison à vie. Il mourut mystérieusement dans la forteresse de Pignerol. Louis XIV, qui avait la rancune tenace, ne pardonna pas leur clémence aux juges, ni à ceux qui conservèrent à ce mécène leur amitié, comme le fabuliste Jean de La Fontaine, auxquels il refusa des pensions et fit retarder l'élection à l'Académie française.

Yvelines (78)

Maintenon

Pour être agréable à la gouvernante des bâtards qu'il avait eus de la Montespan, Louis XIV lui acheta le château, dont les premières pierres dataient de Philippe Auguste : c'est ainsi que Françoise d'Aubigné, veuve Scarron, devint marquise de Maintenon, avant que d'épouser secrètement son roi, dont elle partagea le pouvoir. Elle aurait, dans les soubassements de son château, fait creuser une petite cache pour y dissimuler les bijoux que lui avait offert le roi mais que l'austérité qui était devenue la règle en cette fin de règne lui interdisait de porter à Versailles.

Orgeval

Autrefois existait un alignement de pierres nord-sud, sur cinq rangées au moins, aujourd'hui disparu. On raconte aussi que les fées venaient boire dans une cuvette creusée dans la Pierre-aux-Fées.

Deux-Sèvres (79)

Airvault

La légende prétend que Claude Gouffier, très riche grand écuyer de François Ier, aurait, avant de mourir, caché sa fortune dans les souterrains de son château d'Oiron.

Bougon

Site préhistorique : nécropole.

Champdeniers

Ici sévit la Galipote. Certaines femmes, un peu sorcières, ont le pouvoir de se dédoubler. Si l'une d'entre elles vaque aux travaux ménagers, l'autre court la nuit et saute sur le dos des garçons ou se transforme en poule noire ou en chèvre. Parfois, on la considère comme une sorte de dragon souterrain, gardien de trésor.

François

Légende de la Femme-Biche. Une jeune fille se voit transformée en biche, à la suite de la malédiction d'une méchante fée ou d'une Sarrasine que son père a ramenée des Croisades. Le frère de la jeune fille est un fervent chasseur ; il blesse à mort une magnifique biche blanche et finit par la tuer. Au festin, dans son plat, la bête se met à parler et à révéler qui elle est, rendant son frère fou de douleur. Ce thème de la chanson de la Blanche-Biche est une allusion au mythe protohistorique dans lequel la Déesse-Lune apparaît sous les traits d'une biche, poursuivie par une meute infernale.

La Chapelle-Largeau

Dans une lande se dresse le Chiron de Pirone, un rocher de quartz blanc : c'est l'entrée de l'Enfer et l'antre du Diable et de ses sbires, farfadets et autres. Un trésor y est caché, accessible seulement à Noël, pendant la Messe de Minuit.

La Chapelle-Saint-Laurent

Pays de mégalithes et de tertres funéraires. Les Pierres à Dieu sont des rochers granitiques ; le Pas de la Vierge est une autre roche, portant une empreinte pédiforme, où les gens mettaient leurs propres pieds pour être guéris. Ce bloc porte aussi les griffes du Diable et huit cupules de tailles diverses. La Vierge était poursuivie par le Diable. Il agrippa un rocher, qui mollit aussitôt et le retint prisonnier. Pendant ce temps, la Vierge put se mettre à l'abri sous une autre pierre. Le Timbre du Chat est un autre bloc granitique, une auge de pierre donnée par le Diable. Les chats des environs y apportaient de la nourriture dérobée et festoyaient avec lui. Citons encore le Dard, animal fabuleux ou serpent à quatre pattes et une courte queue, affublé en plus d'une tête de chat et d'une crinière. Son effroyable sifflement glaçait jusqu'à l'os. Ceux qui le rencontraient en mouraient d'effroi.

Magné

Gargantua poursuivait sainte Macrine, qui montait une mule ferrée à l'envers. À l'entrée du marais, elle recommanda aux paysans qui semaient de raconter qu'elle était passée au temps des semailles. Le lendemain, le blé avait mûri et le géant, dépité, secoua ses sabots, formant le Tertre de sainte-Macrine et celui de la Garette.

Moncoutant

Au Gué de la Guérinière, un homme et un loup se battirent pour passer ; l'homme eut le dessus et s'apprêtait à égorger le loup quand ce dernier lui demanda grâce et sauta sur son dos. En fait, il s'agissait d'un voisin, transformé en loup-garou. À la Pierre Plate, un homme qui se rendait chez sa fiancée se vit importuné par une petite chienne. Il voulut l'éloigner à coups de bâton, mais le chien protesta : il s'agissait de sa propre fiancée (Galipote).

La Mothe-Saint-Héray

La Dame de la Chambrille est un ensemble de trois blocs superposés, qui branlent au chant du coq. Deux amants surpris par le mari jaloux, et lui avec, auraient trouvé là la mort et la pétrification.

Périgné

Les Fontaines de Foucambert passent pour miraculeuses. Des lavandières (fées) y battent un linge funèbre, les nuits sans lune, indiquant ainsi que quelqu'un va mourir. La Bassée-aux-Chats est une pierre à bassin, rendez-vous de toutes les créatures de l'Enfer, nains, sorciers, chats, fées, Diable sous la forme d'un bouc ou farfadets gardiens de trésors.

Taizé

Là aussi Gargantua est mort. Près de la Butte de Montcoué, laissé par le géant, se situe un ensemble de 7 dolmens. Gargantua, qui avait grand appétit, avala une charrette, et les six bœufs qui la tiraient. Plus loin, ce fut le tour d'un moulin. Mais sa goinfrerie fut punie : les ailes lui trouèrent l'estomac, et il en mourut.

Thouars

Restes de remparts du XIIe siècle. Église romane Saint-Médard avec rosace gothique. Abbatiale romano-gothique Saint-Laon des XII-XIVe siècles. Combat entre le Diable et un seigneur, qui eut le dessus et récupéra la mule du Malin. Celle-ci, rétive à son nouveau maître, détruisit le château et s'enfuit au galop. Elle laissa ses empreintes sur une pierre du piédestal de la Croix Mathon.

Somme (80)

Abbeville

Site préhistorique paléolithique ancien (abbevillien). Musée Boucher de Perthes, pionnier de la préhistoire.

Baizieux

Des ruines datant du Moyen Âge marqueraient l'emplacement d'un palais de la reine Frédégonde (cruelle reine de Neustrie, ennemie de la reine d'Austrasie Brunehaut, qui périt attachée à la queue d'un cheval sauvage). Sous ce palais (les souverains mérovingiens ne vivaient non pas dans des palais, mais dans des résidences inspirées des villas gallo-romaines) serait toujours caché un trésor d'or, d'argent et de pierreries si important qu'il aurait fallu sept mules pour le transporter.

Boismont

Dans le Bois de Bacchan, Sœurettes dansaient les fées. Elles allaient se baigner dans la mer, quand elles ne racolaient pas les passants jusqu'à les rendre fous et les perdre. Nul n'a su retrouver leur trésor.

Corbie

À l'origine abbaye mérovingienne fondée par sainte Bathilde, une reine qui avait été esclave avant que sa beauté n'attire l'attention du roi de Neustrie, le monastère devint un important établissement bénédictin. En 1636, il fut investi et pillé par les troupes espagnoles, mais les moines avaient pris la précaution, auparavant, de cacher leurs richesses dans les souterrains des environs. Y sont-elles encore ? Corbie est un haut lieu où est préservée la tradition du Bois sacré et de la Source miraculeuse, qui fait voir la vie en bleu. Cette Fontaine bleue fut le théâtre d'une scène dramatique : un charretier qui blasphémait sur une route dominant la falaise vit ses chevaux s'emballer, dévaler la pente et se jeter dans la source où ils disparurent à jamais. Ce char englouti serait-il une allusion au mythe du char solaire ? Toujours dans les Falaises de Barette vivait un enchanteur géant vêtu de branches d'arbres. À sa voix, les rochers se fendaient de rire. Quand il jouait du cor, les pierres s'animaient et les fleurs poussaient. Il fit naître des enfants qui devinrent méchants et le firent pleurer. Ses larmes inondèrent la plaine et ravagèrent tout. Les garnements trouèrent alors son cor, d'où sortit un vent terrible. Le géant dort depuis pour l'éternité.

Famechon

Dans la Vallée des Saules, les fées se révèlent particulièrement galantes. Alors qu'elles dansaient une nuit, elles invitèrent trois jeunes hommes qui revenaient d'une fête… Au chant du coq, elles réalisèrent leur vœu le plus cher et disparurent.

Ham

Vestiges d'un château des XIII-XVe s qui fut la prison de Napoléon III qui s'en évada sous l'identité de Badinguet, un maçon dont il avait pris les habits. Ancienne abbatiale romane Notre-Dame.

La Chaussée-Tirancourt

Site préhistorique.

Le Crotoy

La Bête Canteraine est un cheval magique, parfois confondu avec le Garou ou le Gobelin, qui allonge sa croupe et entraîne les imprudents on ne sait où.

Naours

Les hommes de la préhistoire se réfugiaient dans des cavernes. Mais quand la nature du terrain n'offre pas d'abris naturels, les hommes, pour se protéger, cherchent leur salut dans le sous-sol, quitte à le creuser. Ainsi les premiers chrétiens s'enfonçaient-ils dans les catacombes pour échapper aux légionnaires impériaux ; ainsi les habitants des pays plats (et calcaires), comme ceux de Naours, pour soustraire aux Vikings leurs vies et leurs biens, creusèrent-ils des galeries sous leurs villages. Ces refuges, qui pouvaient accueillir du bétail, servirent ensuite lors des guerres féodales et lors des guerres de Religion, selon les régions. Certains réfugiés auraient pu y mettre à l'abri leurs écus et leurs bijoux, qu'ils n'auraient pu, par la suite, récupérer…

Péronne

Château du XIIIe siècle. La ville est connue pour le traquenard que Charles le Téméraire y tendit à son « gentil cousin » Louis XI. Le duc de Bourgogne y garda prisonnier le roi de France plus de trois jours, jusqu'à ce qu'il ait, sur les saintes reliques, juré de sa pure amitié. Libéré, Louis XI, qui n'en était pas à un parjure près, dénonça l'accord sous le prétexte qu'il lui avait été arraché par la contrainte. Mais un autre roi de France, carolingien celui-là, y fut, bien avant, aussi incarcéré : Charles le Simple passa dans le donjon du château de Péronne les dernières années de sa vie, où son vassal, le duc Hubert de Vermandois, l'y avait enfermé. Sa veuve, Otgive d'Angleterre, épousa peu après sa mort (923) le fils de son geôlier…
Péronne vécut d'autres complots, dont celui des chefs catholiques qui, en 1576, y fondèrent la Sainte Ligue pour s'opposer à Henri III et à Henri IV. En 1918, les Allemands, qui occupaient la ville, en firent un champ de ruines. Mais Péronne, qui était déjà une bourgade sous le néolithique, sut renaître. On y a retrouvé des traces de souterrains datant de la préhistoire, et des creusements plus récents, datant du Moyen Âge, autour du château. Un ou des trésors subsistent-ils dans ce labyrinthe ?

Saint-Acheul

Site préhistorique (paléolithique inférieur).

Thièvres

À Thièvres vivaient jadis trois fées bienfaisantes. Elles firent trois dons aux habitants. Elles amenèrent un cheval pour guerroyer. Elles plantèrent une baguette qui devint un chêne. Elles firent jaillir une source.

Souvent, elles s'amusaient à danser dans un bois de bouleaux nains. Un jour, un paysan leur déroba un livre de magie dont toutes les pages étaient blanches. Pris de peur, il le rapporta la semaine suivante. Nul ne sait ce qu'il advint de lui.

La contrée avait aussi son loup-garou, un homme qui se métamorphosait en loup quand il se baignait la nuit dans une mare.

Tarn (81)

Albi

Fondée par les Gaulois Ruthènes, puis gallo-romaine, importante cité marchande au Moyen Âge, Albi, centre du catharisme, a donné son nom aux hérétiques « albigeois ». Cathédrale fortifiée Sainte-Cécile (romano gothique) des XII-XVe siècle, construite pour signifier aux cathares l'invincibilité de l'Église face à l'hérésie. Le palais épiscopal (XIIIe s) est devenu le musée Toulouse-Lautrec.

Penne

Site préhistorique (grottes).

Tarn-et-Garonne (82)

Var (83)

Artigues

Site préhistorique : grotte Ribage.

Baudinard

Site préhistorique : grotte de l'Église.

Carroz-le-Neuf

Site préhistorique.

Comps-sur-Artuby

Lieu riche en mégalithes, avec leur inévitable cortège de fées et de lutins. Ceux-ci opèrent dans les Bois d'Avellan (liés à Apollon ?) où se situe une grotte. On y entend, la nuit, l'appel des petits hommes qui promettent de merveilleux trésors, pour mieux perdre les sots.

Draguignan

Ville hantée par les fées, les chèvres d'or et les dragons. Un Rocher du Drac surplombe l'impressionnant Dolmen de la Peyro de la Fade (pierre des Fées), témoin des amours impossibles d'une fée et d'un mortel. Se déguisant en bergère, elle aimait à jouer du luth au pied d'un grenadier. Vint à passer un jeune homme, doué de quelques pouvoirs. Pour plaire à la dame, il accepta d'ériger un autel de pierres, où serait célébrée leur union. Cependant, il avait surestimé ses possibilités : si deux des pierres se dressèrent à son injonction, la troisième résista. Voyant la détresse de son amant, la fée voulut l'aider et au plus profond de la nuit noire, elle traça un cercle magique. En un éclair aveuglant, la table vint se placer sur les montants. Mais une malédiction pesait sur le jeune homme : s'il rencontrait mage plus puissant que lui, il serait pétrifié ! Et lorsque, dans l'aube radieuse, il arriva sur les lieux pour s'unir à la fée qui l'attendait, il se trouva métamorphosé en l'une des pierres du dolmen. Depuis la fée, inconsolable, erre en comptant ses joyaux et en racontant ses malheurs à une chèvre. On dit aussi qu'il lui arrive de se transformer en chèvre, pour attirer les chercheurs de trésors. Si une pucelle passe près du dolmen, la nuit de Noël, elle peut espérer obtenir quelque bijou.

Roquebrune-sur-Argens

Restes de remparts et église gothique du XVIe siècle. Site préhistorique : grotte de la Bouverie.

Roque-Brussane

Dans le Vallon de la Fortune, on trouva des pièces gallo-romaines, preuve de l'ancienneté du village, qui abrita aussi une ferme du Temple. Dans le bois de la Loube des royalistes, fuyant la Révolution, auraient enterré leur fortune avant de tenter de passer en Italie.

Sainte-Baume

C'est dans la grotte du massif de la Sainte-Baume que Marie-Madeleine, la pécheresse qui oint le corps du Christ après sa mort sur le Golgotha, se serait retirée pour vivre en ermite l'expiation de ses fautes passées, ne buvant que de l'eau de pluie et ne se nourrissant que de prières. Les Compagnons du Devoir en firent leur sainte patronne (fête le 22 juillet) et la grotte devint une étape incontournable dans le Tour de France que chacun d'entre eux devait effectuer. Mais cette même grotte abritait, auparavant, un sanctuaire dédié, lui, à la vierge Marie ; saint Louis, qui avait épousé Marguerite de Provence, vint y prier en 1254. Y a-t-il eu confusion entre Marie et Marie-Madeleine, comme il y a eu confusion sur Marie-Madeleine elle-même ? En effet, il n'est pas mentionné dans les Évangiles que Marie de Magdalena (son « vrai » nom) ait été une femme de mauvaise vie ; Saint-Luc dit seulement que Jésus la guérit, avec d'autres femmes, « des mauvais esprits et des infirmités », et qu'en remerciement, elle donna tous ses biens à Jésus et à ses apôtres, avant de les suivre. (Voir Saintes-Maries-de-la-Mer, 13).

Saint-Paul-les-Fayence

Site préhistorique : dolmen de la Verrerie-Vieille.

Salernes

Sites préhistoriques : Baume de Fontbregoua (où fut pratiqué du cannibalisme rituel) ; Tholos de la Lauve.

Vaucluse (84)

Avignon

Cité gallo-romaine. En 1309, la papauté s'y installe pour un siècle. Palais des papes, gothique du XIVe siècle, ainsi que les remparts et le « pont d'Avignon » (pont st-Bénezet) à trois arches. Cathédrale d'origine romane Notre-Dame-des-Doms. Musée Calvet de la préhistoire (statues-menhirs). Lorsque l'antipape Benoît XIII, dit Pedro de la Luna, dut quitter le palais des papes d'Avignon, il aurait caché, avant de s'enfuir, quelque part dans le palais, un important trésor comportant notamment des statues en or massif des douze apôtres, et en aurait confié le secret à son ami l'ambassadeur de Venise... Frédéric Mistral a repris cette légende dans l'un de ses poèmes en langue provençale.

Courthézon

Site préhistorique.

Fontaine de Vaucluse (84)

Le mont de la Vache d'or, où la Sorgue prend sa source, cache dans ses entrailles sinon un... veau d'or, au moins des lingots et des écus du même métal.

La-Roque-sur-Pernes
Site préhistorique : sépulture de Sanguinouse.

Lauris
Statue-menhir.

Mazan
Sarcophages gallo-romains. Chapelle du XIIe siècle.

Roaix
Site préhistorique : hypogée.

Saumanes
Site préhistorique : abri Chinchon.

Vendée (85)

Beaurepaire

C'est à Beaurepaire, sous la Révolution, que l'armée des Vendéens, commandée par François de Charrette de la Contrie, et poursuivie par les troupes de la République, aurait caché son trésor de guerre, que les Anglais avaient alimenté en espèces sonnantes et trébuchantes. Charrette le fit dissimuler dans deux puits, l'un au lieudit Le Refuge, l'autre à l'Andrière. La crainte qu'inspiraient les « Bleus » était telle qu'un seigneur de Beaurepaire, lui aussi, cacha un trésor dans le souterrain qui reliait le château à l'église, et que le marquis de Landebondieu, qui devait périr sous les balles républicaines à Noirmoutier, dissimula le sien au château de Languebaudière.

Bazogues-en-Pareds

Site préhistorique : dolmen des Cous.

Le Bernard

Allée couverte de la Frébouchère. Haut lieu pour les êtres venus des Enfers, que ce soit le Cheval Mallet, qui emporte celui qui a le malheur de le monter en des chevauchées folles ; que ce soit la chasse infernale, plus angoissante avec ses chevaux et ses cavaliers invisibles, chassant sans l'attraper et jusqu'à la fin des temps, le cerf.

Saint-Philibert-du-Pont-Charrault

À la Nouette, des farfadets enfants de Mélusine se chauffaient dans l'âtre, ce qui déplut à la fermière. Elle mit leurs sièges dans le feu jusqu'à les rendre incandescents ; les farfadets s'y brûlèrent, et s'envolèrent. Mais la fée se vengea. La bru de la fermière mit au monde un enfant tout velu et qui ne parlait pas, incarnation d'un fils de Mélusine. Près de là, la Grotte aux Farfadets est une cavité sous un rocher.

Saint-Vincent-sur-Jard

Allée couverte du Grand Bouillac.

Tiffauges

Le château de Tiffauges, dont il reste un mur et un vague portique en ruines, fut celui du mystérieux Gilles de Rais, ce Maréchal de France compagnon de Jeanne d'Arc qui, la guerre de Cent Ans finie, se retira sur ses terres pour s'adonner à l'alchimie, afin de refaire de l'or pour compenser tout celui qu'il avait dépensé en fêtes fastueuses. Pour se concilier les forces sataniques, il immolait des enfants après avoir abusé d'eux, et recueillait leur sang. Il en aurait tué ainsi plus de trois cents avant que le duc de Bretagne, qui lorgnait sur ses terres, ne se décide enfin à le faire juger après qu'il ait osé profaner une église en y entrant à cheval. Condamné à mort, il fut étranglé (faveur obtenue pour s'être repenti) puis brûlé à Nantes en 1440. Son château de Tiffauges, dont les salles abritaient les sinistres laboratoires de celui qui inspira Barbe-Bleue, fut rasé. En dépit de la malédiction qui pèse sur les lieux, des chercheurs de trésor continuent à fouiller les vieilles pierres espérant y trouver non pas le secret de la fabrication de l'or, mais des parcelles d'une coulée du précieux métal, oubliée par le seigneur fou et ses sorciers de serviteurs.

Vienne (86)

Charroux

Église Saint-Sauveur du XIe siècle. Cloître du XVe siècle. Halles du XVIe siècle. Charlemagne y fit construire une abbaye qui devint un lieu important de pèlerinages, car on y conservait des reliques prestigieuses, comme le prépuce de Jésus (!) des morceaux de la vraie croix et autres ampoules contenant le sang du Christ... Pendant les guerres de Religion, les protestants pillèrent l'abbaye, et en tuèrent tous les moines. Prosper Mérimée, auquel on doit de nombreux sauvetages de monuments désormais historiques, fit restaurer l'abbaye. Pendant les travaux, en 1856, un maçon découvrit derrière un mur trois magnifiques reliquaires. De quoi mettre en appétit les chercheurs de trésors, d'autant que la localité est bâtie sur un réseau de galeries souterraines.

Chauvigny

Ruines de plusieurs châteaux XII-XIVe siècles. Églises romanes Saint-Pierre, et Notre-Dame. Les évêques de Poitiers choisirent sa forteresse pour en faire leur résidence (et, en cas d'affrontements, leur refuge). Des trésors auraient été enfouis, selon les légendes locales, à proximité du château de Montléon.

Civaux

La nécropole de Civaux aligne des sarcophages mérovingiens orientés est-ouest, comme les gisants dans les églises. Selon la tradition, il y en aurait eu des milliers, qui renfermaient les corps des guerriers de Clovis morts à la bataille de Vouillé, à une soixantaine de kilomètres de là, contre les Wisigoths (voir Iteuil, ci-après). Toutefois, certains couvercles ne sont pas ornés de croix, ou d'épées, mais d'outils, signes distinctifs d'artisans plutôt que de soldats.

Civray

Église romane Notre-Dame XIIe siècle. Patrie du Cheval Bayart qui attend, sellée au coin du bois, qu'un imprudent le monte, pour aller le perdre dans la Vienne ou au fond d'un étang.

Gouaix

Site préhistorique : grotte de Bois Ragot.

Iteuil

À la bataille de Vouillé, en 507, Clovis tua de sa main Alaric, le chef des Wisigoths, lesquels contrôlaient les provinces au sud de la Loire. Avec ses hommes d'armes, il se lança à la poursuite des rescapés qui auraient abandonné leur trésor (les chefs de guerre d'alors, lorsqu'ils partaient en expédition, emportaient avec eux de quoi payer leurs troupes avant de se rembourser par quelques pillages de villes ennemies, en cas de victoire) dans le lit du Clain, dans les environs d'Iteuil. S'étant réfugiés au-delà des Pyrénées, les Wisigoths ne revinrent jamais récupérer ce trésor de guerre.

Lusignan

Église Notre-Dame des XI-XIIe siècles. Ruines du château « fondé » par la fée Mélusine. Berceau d'une famille qui s'illustra en terre Sainte, à l'époque des croisades (un Lusignan épousa la reine de Jérusalem, mais, aussi bon courtisan que mauvais stratège, fut battu par les armées sarrasines et fut l'artisan de la perte du royaume fondé par Godefroy de Bouillon), Lusignan eut, pour architecte et constructeur de son château, pas moins que la fée Mélusine. Et lorsque Henri III, afin qu'il ne serve plus d'enjeu entre catholiques et protestants, ordonna sa destruction, les gens du pays témoignèrent avoir entendu Mélusine pousser de terribles cris tandis qu'on arrachait les pierres des murailles... Cette fée se révèle, à travers le Poitou, une grande bâtisseuse.

Poitiers

Capitale des Gaulois Pictaves, centre religieux de la Gaule, théâtre de plusieurs batailles. Baptistère Saint-Jean du IVe siècle, avec des sarcophages mérovingiens. Édifices romans : église Sainte-Radegonde (avec nef gothique), abbatiale de Montierneuf (XIe siècle), clocher de Saint-Porchaire, église Saint-Hilaire-le-Grand, église Notre-Dame-la-Grande (XIIe siècle). Cathédrale gothique Saint-Pierre des XII-XIVe siècles.

Poitiers a son dragon, la Grande Goule, un monstre à deux pattes, une queue en pince de crabe et deux ailes. La Pierre-Levée est un dolmen dont la table penche. Rabelais l'a immortalisée à travers Gargantua. Celui-ci venu faire des études s'émut que les écoliers n'aient point de loisir. Il prit un bloc de rocher nommé Passelourdin et le posa sur quatre piliers, au milieu d'un champ, afin de leur permettre de s'amuser et de banqueter, ou de graver leurs noms. Pour honorer sa mémoire, il convient aujourd'hui encore de boire à la fontaine Cabaline de Croustelle, de voir Passelourdin et de grimper sur la Pierre-Levée.

Haute-Vienne (87)

Châlus

Revenu de croisade, Richard Cœur de Lion, roi d'Angleterre, et aussi, par sa mère, Aliénor d'Aquitaine, duc de Guyenne, revient sur le continent pour rappeler à l'ordre ses vassaux qui ont profité de sa longue absence pour se rallier à Philippe Auguste. Il entreprend, le 23 mars 1199, le siège du château de Châlus, où s'est retiré Adhémar, vicomte de Limoges. Il se dit déjà que le seigneur de Limoges s'y est enfermé avec un important trésor sur lequel Richard, son suzerain, voudrait sa part. Richard dirige un assaut quand une flèche le blesse dans le creux de l'épaule. Il meurt de gangrène le 6 avril. Pendant son agonie, il a demandé à ce que l'arbalétrier coupable de lèse-majesté ne soit pas puni ; il n'a fait qu'accomplir son devoir de soldat.

Mais son entourage ne l'écoute pas, et supplicie le malheureux jusqu'à ce que mort s'ensuive. Le château, dont la garnison s'est rendue, est mis à sac, mais sans qu'on y retrouve le trésor. Neuf siècles se passent, et du château rasé ne subsiste plus qu'un donjon du XIe siècle quand, en 1963, le soc d'une charrue met à jour un pot contenant une soixantaine de pièces d'or. Y en a-t-il d'autres, enfouies dans la glèbe ?

Vosges (88)

Bussang

L'un des pays du Sotré, lutin vosgien : il s'agit d'un petit bonhomme très laid, aux pieds fourchus, et quelque peu diabolique, qui portait une houppelande rouge et un bonnet noir (ou le contraire). Malicieux et enjoué, il était doté d'une force prodigieuse. Tantôt il jouait des tours et tantôt il savait se montrer bienveillant, et manier le balai pour venir en aide aux servantes débordées. Dans la forêt de Saint-Maurice, un surplomb rocheux domine les environs : la Roche du Sotré. Les villageois, excédés par les facéties du lutin, allèrent le chercher dans son repaire pour le jeter dans l'abîme. Depuis, ceux qui se penchent entendent une voix désespérée qui les invite à le rejoindre.

Fresse-sur-Moselle

La Roche du Sabbat est une pierre à empreintes, qui indique l'entrée du repaire de Cula, un être voué au Diable. Il apparaît soit comme feu follet, soit comme bouc aux yeux de braise. Si l'on pousse un juron, il disparaît aussitôt dans une flaque d'eau, qui étincelle de mille flammes.

Remiremont

Le jour de la Saint-Jean, le Soleil, à l'aurore, saute 3 fois du haut de Saint-Mont. Près de la fontaine Sainte-Sabine, la Pierre Kerlinmin s'ouvre à minuit pour laisser passer les nouveau-nés. Elle a également la réputation de tourner sur elle-même à minuit, le samedi saint. À côté sévit la méchante Herqueuche, une fée décharnée, déguenillée, édentée, qui bat les lavandières.

Saint-Michel-sur-Meurthe

Un géant est enfermé sous le mont Parmont, veillant sur un trésor. Près du lac de la Plaine, une fée amoureuse erre et appelle le Géant (dont elle est séparée par un mauvais sort), lequel tressaille et ébranle la montagne.

Yonne (89)

Arcy-sur-Cure

Grottes préhistoriques (onze) décorées d'animaux, chef-d'œuvre du paléolithique, et musée. Peu avant la Révolution, des concrétions des grottes furent brisées pour être transportées à Versailles, où elles servirent à décorer la grotte du Petit Trianon, cher à la reine Marie-Antoinette. À proximité, le château alchimique du Chastenay.

Avallon

Forteresse gauloise puis gallo-romaine. Vestiges de fortifications. Église romane Saint-Lazare. Le nom d'Avallon est étymologiquement lié à Apollon et aux abeilles. Y a-t-il quelques liens subtils avec l'Avallon de la légende de Merlin et d'Arthur ? Beaucoup le prétendent. Pierre de Gargant, dressée en l'honneur de Gargantua.

Crain

Pendant les guerres de Religion, les protestants, sous la direction du seigneur de Crain, s'emparent d'Auxerre et pillent la ville, n'épargnant ni l'abbaye de Saint-Germain d'Auxerre, ni les couvents, ni les sépultures. Il ne faut pas moins de dix charrettes pour entasser le butin qui est apporté vers la Maison-Blanche, demeure du seigneur de Crain. Un orfèvre, sous la menace, fait fondre l'or des bijoux. Les lingots obtenus sont ensuite enterrés dans un jardin. Puis le seigneur de Crain fait supprimer les témoins ou se contente de faire arracher la langue à ceux qui peuvent encore lui être utiles et s'en va vers de nouvelles aventures guerrières. Pris par les catholiques, il est pendu... Et son trésor, protégé par une invisible Dame blanche, se cherche encore...

La Ferté-Loupière

Le Coquatrix est un monstre de notre bestiaire, qui prend des allures différentes selon les lieux. Ici, il est vert et participe à la fois de la couleuvre et du lézard.

La Pierre-qui-Vire

L'abbaye bénédictine de la Pierre-qui-Vire, à une dizaine de kilomètres de Quarré-les-Tombes, est célèbre. Elle n'a été fondée qu'au XIXe siècle. Auparavant, le lieu devait sa réputation à son nom, très évocateur : son rocher en granit, en équilibre sur un autre rocher, tournait trois fois sur lui-même lorsque sonnait l'angélus qui, rappelons-le, était une prière à la Vierge Marie récitée matin, midi et soir. Mais il y a longtemps, même lorsqu'on entend la cloche, que le vieux bloc ne vire plus : la surdité, maladie de la pierre ? À moins que la statue de la Vierge, que les moines y érigèrent dessus, n'ait grippé son mystérieux mécanisme.

Quarré-les-Tombes

Autour de l'église, une centaine de sarcophages. Autrefois, on en aurait dénombré plus de 2000 ! On ne sait rien d'eux, sauf qu'ils sont d'époque mérovingienne. Le village était-il spécialisé dans la fabrication des sarcophages ? Aucune carrière de calcaire dans les environs ne permet de soutenir cette hypothèse, d'autant que ces cercueils de pierre étaient fort lourds, et difficile à exporter, le village n'étant pas sur un axe important. Autre hypothèse : initialement dédié à saint Georges, patron des chevaliers, le village leur servait de cimetière.

Vézelay

Abbaye bénédictine fondée au IXe siècle. Basilique romane Sainte-Marie-Madeleine du XIIe siècle restaurée par Viollet-le-Duc, étape importante pour les pèlerins de Saint-Jacques-de-Compostelle venus du nord. C'est de son parvis que saint Bernard* prêcha la deuxième croisade.

Territoire de Belfort (90)

Bavilliers

Au Trou de la Dame, on situe une légende de carrosse englouti dans un gouffre de la Douce, rivière si mal nommée. Une légende qui reprend un mythe protohistorique dans lequel le Soleil et la Lune s'envolent sur des chars tirés par des chevaux ailés ou des canards sauvages, accomplissant ainsi la traversée de la nuit la plus longue, au solstice d'hiver.

Essonne (91)

Cerny

Site préhistorique. Olivier le Daim, barbier et conseiller de Louis XI, amassa sous son règne une fortune qui lui permit, lui le fils de paysan, d'acquérir le château de Cerny, dans les souterrains duquel il enterra sa fortune à la mort de son roi, en 1483. Mesure prudente, car l'année suivante, il fut condamné au gibet à la suite de calomnies de seigneurs jaloux du pouvoir qu'il avait exercé : on l'accusa d'avoir fait étrangler le mari d'une dame dont il avait recherché les faveurs...

Étiolles

Site préhistorique magdalénien.

Seine Saint-Denis (93)

Saint-Denis

Basilique fondée au VIe siècle par Dagobert, devenue nécropole des rois de France. Réaménagée par Suger au XIIe siècle : style gothique. Inutile d'y chercher un trésor : elle a été pillée au début de la Révolution.

Val-de-Marne (94)

Vincennes

Château du XIVe siècle, restauré et transformé sous Napoléon. Il en reste le donjon. C'est sous un chêne voisin que Saint-Louis, qui aimait à résider à Vincennes, rendait sa justice. C'est aussi dans les fossés de Vincennes que fut fusillé le duc d'Enghien, sur l'ordre de Napoléon en 1804, à la suite d'un procès aussi hâtif que truqué. L'exécution provoqua l'indignation des cours européennes.

Lexique
à l'usage des chasseurs de mystères

Lexique
à l'usage
des chasseurs de mystères

Âges de la préhistoire
- Âge de la pierre jusqu'à -2 000.
- Âge du bronze : -2 000.
- Âge du fer : -1 000.

Aigle
Oiseau, aux significations multiples, il symbolise la résurrection, raison pour laquelle on le voit représenté sur les tombeaux chrétiens. Roi des oiseaux, symbole de Jupiter, il est le seul à pouvoir voler face au soleil, dont il symbolise aussi l'éclat orgueilleux. Emblème de saint Jean l'évangéliste, il s'oppose au serpent. Dans les sculptures sur bois, il est présenté enchaîné au lutrin, afin de prouver la supériorité chrétienne sur le paganisme ancestral.

Ail
Il était réputé pour protéger des vampires. On l'accrochait sur les portes. On l'utilise toujours aussi pour faciliter la circulation sanguine.

Alchimie
Art de transformer le « vil » plomb en or. Les instruments des alchimistes, athanor, cornues, creusets et mortiers, sont présents dans les églises romanes ainsi que leurs symboles de résurrection et de transformation de la matière, physique et spirituelle : pélican, phénix et rose.

Alignements

Monuments mégalithiques, ils sont formés d'une suite de pierres placées dans une même ligne. Certains alignements sont en ligne droite, d'autres décrivent des lignes courbes. Les alignements de Carnac (Morbihan) sont mondialement célèbres.

Allées couvertes

Monuments mégalithiques, ils sont formés par trois rangs de pierres : deux rangs implantés en terre, et le troisième placé par-dessus les autres, afin de former une sorte de couloir, d'allée.

Améthyste

Pierre précieuse de couleur violette plus ou moins foncée, on gravait dessus des figures, principalement celle de Bacchus, parce qu'on y taillait dedans des coupes à boire. En effet, on lui attribuait la faculté de dissiper l'ivresse. Chez les anciens Hébreux, pas question d'ivresse ; l'améthyste était une des douze pierres qui entraient dans la composition du pectoral du grand prêtre ; elle occupait le huitième ou le neuvième rang. Dans le symbolisme chrétien, elle symbolise l'humilité et la modestie et orne l'anneau épiscopal.

Amphore

Grand récipient de terre portant des anses sur son col et terminées en pointe. Les amphores servaient à contenir diverses graines, et surtout du vin ; on les plaçait côte à côte et debout dans les caves, en enfonçant leur pointe dans une épaisse couche de sable.

Amulettes

Objets variés auxquels la superstition attribue un pouvoir de guérison, et de protection contre des maléfices. Chez les Égyptiens, elles étaient censées préserver contre les dangers, les jours néfastes, les ennemis... C'étaient des scarabées, des colonnettes, des cartouches, des yeux symboliques, deux doigts réunis... Des pierres servaient d'amulettes : hématite, jaspe, lapis ; améthyste, diamant... Chacune de ces amulettes avait une vertu particulière ; le cristal rendait le dieu réceptif aux supplications. Le corail écartait toute mauvaise influence d'une maison, et préservait du mauvais œil. Dans l'archéologie chrétienne, on nomme amulettes des reliques, certains objets de dévotion, tels que croix, médailles, reliques à l'authenticité douteuses, bois de la vraie croix sur laquelle fut cloué Jésus-Christ, ossements des saints...

Anathème
Objet offert aux églises par les fidèles ; on donnait comme anathème des vases et autres ustensiles de sacrifices, des ornements d'autel... À l'origine, l'anathème était une victime immolée à une divinité. Chez les chrétiens, sentence qui rejette celui qui la subit du sein de l'Église (souvent confondu avec l'excommunication).

Ancre
Symbole de l'espérance ; on voit fréquemment parmi les symboles chrétiens une ancre accostée de deux poissons : espérance dans des existences nouvelles.

Âne
Emblème de la patience et de la sobriété, de l'humilité et de la bonté (allusion à l'âne qui réchauffe de son souffle l'enfant Jésus dans la crèche de Bethléem), mais aussi de la paresse et de l'entêtement. Dans l'art roman, certains personnages sont coiffés de bonnets d'âne, tandis que des ânes portent mitres et couronnes.

Ange

Monnaie d'or en France sous Philippe de Valois et ses successeurs. On la nommait ainsi parce qu'elle portait l'effigie d'un ange. Dans l'art chrétien, l'ange est le messager de Dieu. Parfois muni d'une épée, parfois doté d'un instrument de musique…

Autel

Plate-forme, ou table sur laquelle on fait des sacrifices aux dieux. Suivant les climats, les différents cultes et religions, la forme des autels varie. Table sur laquelle on célèbre la messe, sacrifice chrétien. Dans les églises romanes, il était situé là où se dégage le maximum d'énergie géobiologique.

Basilic

Dans l'iconographie médiévale, le basilic symbolise le mal et la débauche. C'est un animal fantastique qui a la tête, le cou et la poitrine du coq greffés sur le corps d'un lézard à huit pattes. Il était né d'un œuf de coq couvé par un crapaud ; sa vue seule causait la mort.

Barque des Morts

La Barque des Morts apparaît essentiellement en Bretagne. Cette embarcation fantôme conduit les âmes des disparus sur la mer, probablement vers les Iles Fortunées, au lointain Occident, bien que la destination ne soit pas évoquée. Le passeur est tenu à la loi du silence. Le fait de la voir est un mauvais présage.

Bayart

Bayart est le cheval magique le plus célèbre, car associé à la légende des Quatre Fils Aymon. Il aurait laissé ses empreintes sur de nombreux rochers, de préférence près des gués.

Bélénos

Le Dieu gaulois Bélénos, associé à la lumière (et par les Romains à Apollon) reste présent dans de nombreux toponymes tels que Balan, Belin, Belle ou même Baleine. Parfois la légende renforce le lien avec le soleil.

Bernard (saint)

Bernard de Clairvaux (fête le 20 août) naît près de Dijon en 1090. Moine à Cîteaux, il fonde en 1115 le monastère de Clairvaux. Petit homme maladif, à l'éloquence enflammée, il impose à ses moines comme à lui-même une discipline ascétique. Conseiller des rois et des papes, il prêche la seconde croisade et rédige la Règle des Templiers. Il meurt à Clairvaux en 1153.

Biche blanche

Cet animal symbolise la féminité et l'innocence. À l'époque protohistorique, la biche, gravée sur les rochers représentait la Déesse-Mère dans son aspect Vierge-Lune. Comme élément associé, il y a le cerf, le chien ou le chasseur, qui représentent, eux, le principe masculin, dans le cadre d'une union sacrée mythique.

Bœuf

Le bœuf représente l'aspect domestiqué du taureau en relation avec les travaux agricoles. Le christianisme le revalorise : le bœuf, comme l'âne, réchauffe Jésus de son souffle, dans la crèche.

Bouc noir

Animal par excellence du monde infernal, sbire du Diable et des sorciers, il symbolise aussi la fécondité et la force vitale, mais encore la putréfaction et, plus généralement, du Mal. Il sert de monture aux sorcières pour se rendre au Sabbat.

Bouc
Symbole de puissance sexuelle et de force naturelle. En Grèce, le bouc émissaire était sacrifié (à la place d'esclaves ou prisonniers) pour s'attirer les faveurs des dieux après des événements néfastes. Dans la Bible, le bouc est offert en sacrifice d'expiation.

Brebis
Symbole d'innocence et de douceur. Dans l'art chrétien, les brebis sont les fidèles se regroupant en troupeau sous la protection du « Bon Pasteur », Jésus-Christ.

Catacombes
Vieilles carrières de pierres utilisées par les premiers chrétiens comme lieux de réunion et comme cimetières. On retrouve des catacombes dans diverses villes, Rome, Syracuse, Catane, Palerme, Naples, Paris…

Celte
Peuple indo-germanique qui envahit l'Europe centrale et occidentale. À la suite de guerres, les Celtes, repoussés par les Germains et les Romains, n'occupèrent plus que la Gaule, et la Grande-Bretagne. Dans une acception plus restreinte, ce mot désigne les habitants des Gaules.

Centaure
Demi-homme et demi-cheval, avec le corps d'un cheval et le torse, la tête, les bras de l'homme. Les centaures et les centauresses habitaient en Thessalie. Ils eurent à soutenir une guerre contre les Lapithes dans laquelle ils succombèrent et furent exterminés. Dans l'art chrétien, il symbolise la rapidité de l'existence, la force des instincts, enfin l'adultère.

Cerf

Gibier royal, le cerf, comme la biche, est aussi un animal magique qui peut être poursuivi sans jamais se faire rattraper. Ses fonctions ont varié au cours du temps, son côté solaire étant valorisé à l'âge du bronze tandis que son côté funéraire l'a été au paléolithique et chez les Celtes, avec le Dieu Cernunnos. Enfin, il représente le pôle masculin dans le mythe protohistorique de création du monde. Chez les Celtes, le cerf symbolise la vie (ses ramures forment un arbre) la puissance, la longévité et la rapidité. On le retrouve dans le bestiaire roman. Nombre de monuments chrétiens ont des représentations du cerf sur des bas-reliefs ou des peintures. Il symbolise le désir ardent du baptême, parce qu'il recherche l'eau des sources pour s'y désaltérer ou s'y plonger.

Char (Carrosse/Attelage)

Inventé au début de l'âge du bronze, le char tient une place importante dans l'imaginaire légendaire, sous deux thèmes : le char d'or et l'attelage englouti. Le premier est une allusion au Soleil dans sa course, l'autre fait allusion à la Traversée des Eaux, un rite de l'âge du bronze, où des chars terminaient leur course dans la rivière, sans doute au moment des fêtes de fin d'année ou de cycle (solstice ou équinoxe) en signe d'union de l'Eau et du Feu.

Chasse infernale

Toutes les provinces évoquent ces chasses fantomatiques, parfois ailées et parfois terrestres, ou un Grand Veneur (le Diable) est précédé d'une meute de chiens, lors d'une poursuite qui n'a pas de fin. Ces chasseurs appartiennent au monde de la Mort et leur apparition a valeur d'avertissement.

Chat

Le chat est animal diabolique associé à la sorcellerie. Il fait enrager tout bon chrétien par ses farces à odeur de soufre (Matagots en Provence). Déjà, dans l'univers celtique, on le regarde avec méfiance. On lui reconnaît un don exceptionnel de clairvoyance et des qualités magiques. Des papyrus égyptiens le montrent coupant la tête du serpent, car il est le destructeur des ennemis du jour, du soleil. La déesse Bast a une tête de chatte. En art romain, le chat, animal préféré des sorciers, est représenté souvent sous forme de gargouille.

Cheval magique

Selon les régions, le cheval magique prend des noms différents, Cheval-Mallet en Vendée, Bayart... L'animal a été réintroduit en Europe à l'âge du bronze. Il sert à tirer les chars, avant d'être monté, à l'âge du fer et de devenir un coursier mythique, ne faisant plus qu'un avec son cavalier. Le cheval magique a la propriété d'allonger son encolure comme bon lui semble pour porter autant d'imprudents qu'il veut, vers l'abîme d'une rivière ou d'un étang, ou les portes du monde infernal.

Chez les Romains, on nommait *équus* l'étalon, par opposition à *canterius*, le cheval hongre, et *equa*, la jument. On nommait *equus curtus* un cheval à queue écourtée, *equus bipes* un cheval marin, *equus fluviatilis* l'hippopotame et *equus ligneus* un navire.

Chèvre d'Or

La chèvre d'or apparaît seulement au solstice d'hiver ou d'été. Généralement, elle garde des trésors enfouis dans des grottes obscures (ou des dolmens) ; dans certaines légendes, la fée se transforme en chèvre et réciproquement.

Chien

Démoniaque est le chien (ou le loup) noir, avec les yeux et la gueule rouge, jailli des Enfers pour y précipiter quelques malheureux égaré ou chasseur imprudent. Quand il ne participe pas à la chasse infernale ou au Sabbat, on le retrouve associé aux mégalithes, qu'il est censé garder. Quelle que soit la civilisation, on retrouve toujours le chien comme compagnon de l'homme, et chaque nation a eu des types de chiens particuliers. Les Égyptiens avaient des chiens bassets, des lévriers, des chiens de garde et de chasse, et des chiens-loups. Le chien est l'animal de la Lune, vers laquelle il aboie. Dans la statuaire romane, le chien nourri saint Roch, lèche les plaies de Lazare…

Chimère

Monstre fabuleux à tête de lion, corps de chèvre et queue de dragon.

Chouette

Symbole de vigilance et de Connaissance, la chouette est l'oiseau de la déesse Athéna. Dans la statuaire médiévale, où elle est souvent présente, la chouette veille sur les fidèles, du haut des chapiteaux.

Cimetière

Ce terme, dérivé du grec *koiméterion* (dortoir) signifie champ du repos, champ d'asile, dernière demeure de l'homme ; il a été exclusivement employé par les chrétiens.

Cirque

Espace plat et découvert à proximité d'une ville, autour duquel on élevait des échafaudages pour recevoir des spectateurs. Plus tard, on construisit des cirques en pierre. L'arène avait la forme d'un vaste rectangle arrondi à une de ses extrémités ; tout autour se trouvaient des gradins ; en face de la partie circulaire se trouvait une partie rectangulaire qui renfermait les cachots ; au centre du cirque se trouvait un stylobate portant des bornes, des statues...

Citerne

Réservoir artificiel creusé dans le sol et couvert d'une voûte ou d'un toit. On y conservait l'eau de pluie. Les Romains possédaient aussi des citernes très profondes construites en plein nord et abritées des rayons solaires pour avoir de l'eau fraîche.

Cloche

Utilisée pour appeler les fidèles, pour les avertir des dangers éventuels qui les menacent (tocsin) ou rythmer leurs travaux (Angélus). Le son de la cloche, dans de nombreuses religions, éloigne les mauvais esprits. L'airain dont elle est faite symbolise la durée et la force. Les cloches consacrées deviennent l'âme sonore et vibratoire des lieux où elles sont installées.

Cœur Jacques

Grand argentier du roi Charles VII, la fortune de Jacques Cœur lui valut beaucoup de jalousie. Il fut accusé d'avoir détourné des fonds et empoisonné Agnès Sorel, maîtresse du roi, qui était pourtant son amie. Il parvint à s'enfuir de France et ayant mis sa fortune à la disposition du pape, disparut lors d'une mission en Méditerranée.

Dans la ville de Bourges, son hôtel particulier, à cause des symboles alchimiques qu'il renferme, attire visiteurs et curieux espérant en décrypter enfin les messages.

Coffre / coffret

Coffre, sorte de huche dans laquelle les anciens gardaient de l'argent, des habits et toute sorte d'effets précieux. Ce terme servait aussi à désigner un coffre-fort, une caisse de mort ou bière, une cellule pour enfermer un prisonnier, enfin une caisse en bois employée pour jeter les fondations d'une construction.

Colombe

Symbole de pureté et de paix. Messagère de Dieu, elle annonce à Noé la fin du Déluge et la proximité de la terre ferme. C'est aussi l'incarnation de l'Esprit saint, celui qui descend sur les apôtres lors de la Pentecôte. Elle est aussi symbole de douleur et du martyre, raison pour laquelle elle est représentée sur les tombeaux et les sarcophages. Dans les catacombes de Rome, sa représentation est associée au mot *pax* (paix). Chez les Assyriens et les Babyloniens, la colombe symbolisait Sémiramis, qui aurait pris cette forme pour quitter la terre. La colombe, dans la mythologie gréco-latine, était l'oiseau favori de Vénus.

Coq

Le coq est l'annonciateur du soleil et il met en déroute tous les êtres de la nuit, le Diable, les sorciers, mais aussi tous les nains, lutins ou fées qui œuvrent dans les ténèbres. Mais sa position intermédiaire entre le jour et la nuit en fait le messager des trois mondes, que l'on peut sacrifier à des fins magiques. Dans le symbolisme chrétien le coq signifie la vigilance, et quand il est représenté sur les tombeaux, la résurrection (passage de la nuit au jour). Il annonce le lever du jour et l'heure de la prière. Raison pour laquelle il se tient au sommet du clocher, qui lui-même domine le village. Parce que saint Pierre s'est renié trois fois avant son chant, c'est, dans l'art roman, son oiseau, symbole de l'orgueil.

Corbeau

Au moyen âge, synonyme de modillon, pierre saillante sur un parement destiné à supporter un objet. Pendant l'époque romano-byzantine, les corbeaux étaient de simples cubes de pierre plus ou moins rectangulaires. Ce terme sert aussi à désigner une machine de guerre, utilisée pour l'attaque des places fortes ainsi que dans les batailles navales. Dans l'iconographie chrétienne, le corbeau symbolise l'esprit des ténèbres terrestres, parce qu'il est noir, et s'oppose à la blanche colombe, venant du ciel. C'est aussi l'oiseau des prophètes.

Couleurs

Au Moyen Âge, les églises étaient peintes de fresques, décorées de mosaïques, d'icônes et de tapisseries. Les couleurs (vitraux compris) avaient des correspondances symboliques. *Blanc* : pureté, sagesse. *Or* : couleur de la divinité. *Rouge* : amour, royauté. *Vert* : régénération. *Bleu* : espérance, miséricorde.

Croix

Figure géométrique, qui, à cause du crucifiement du Christ, devint le symbole de la religion chrétienne. Il existe de nombreux types de croix ; la croix ordinaire, la croix en tau, à cause de sa ressemblance avec la lettre grecque, la croix en X (dite de Saint-André). Les formes de croix sont nombreuses : ansées, pattées, svastikas, croix celtes… Symboliquement la croix illustre les Axes du monde lorsqu'elle est verticale, et l'orientation de l'homme sur Terre lorsqu'elle est horizontale. Les édifices médiévaux sont construits selon le plan de la croix, nef croisant le transept. La tête est constituée par le chœur « Orienté » vers l'est.

Cromlech

Ce terme celtique, dérivé de *cromm* (courbe) et *lec'h* (lieu), désigne des enceintes formées par des menhirs ou grosses pierres implantées dans le sol en cercle ou en demi-cercle, enceintes qui entouraient des sépultures.

Crypte

Dans l'antiquité, la crypte était un cloître, une galerie longue et étroite qu'entouraient des bâtiments et qui entouraient eux-mêmes un bâtiment, un jardin ou une cour. En archéologie, on nomme crypte une chapelle souterraine pratiquée souvent au-dessous d'une chapelle ou d'une église. Souvent très anciennes, datant des premiers temps du christianisme en Gaule, les cryptes symbolisaient la caverne initiatique. Plusieurs ont contenu des Vierges Noires.

Cupule

Terme d'archéologie préhistorique : petit creux effectué dans la pierre.

Cyclopéen (monument)

Antique construction dénommée également pélasgique, parce qu'œuvre des Pélasges instruits à l'école d'ouvriers phéniciens nommés Cyclopes. Ces constructions, formées d'énormes pierres en polyèdres irréguliers, sont superposées sans ciment ni mortier ; on en retrouve en Asie Mineure, en Grèce et en Italie ; ce sont surtout des murs d'acropoles.

Cyprès

Arbre symbolisant la vie immortelle malgré le passage de la mort, le cyprès est l'arbre sacré du monde de la nuit. On le plantait près des tombes, ou autour des cimetières. L'odeur de sa résine était un parfum agréable à Dieu, parce que celui de la sainteté.

Dame

Du latin *domina*, maîtresse, la dame, au Moyen Âge, est une femme noble, de haute naissance, ou qui détient des droits de souveraineté. Par extension, on désignera aussi de dames les épouses des riches bourgeois. Dans la chevalerie, sous l'influence des romans courtois, la dame devient l'égérie du chevalier, celle en l'honneur de laquelle il affronte des monstres et gagne des tournois, sans, pour autant, être payé en retour. La réalité était souvent différente. Les jeunes filles nobles étaient d'autorité mariées par leur suzerain ou leur père à des propriétaires de fiefs dans le but d'augmenter des territoires ou de renforcer des alliances. La loi salique, réintroduite dans le droit royal par les fils de Philippe le Bel, interdisait le trône de France aux femmes. Son application provoqua la Guerre de Cent Ans.

Demoiselle noire ou blanche, la Dame hante, la nuit, les forêts, les landes et les étangs. Tantôt solitaire, tantôt triple, elle est l'incarnation éthérée de la Déesse-Mère, dont le culte a été banni avec le christianisme. Elle appartient au monde des fées, mais son rôle paraît inévitablement lié au destin, à l'instar des trois Parques ou Fata antiques, dont l'une file, la deuxième dévide, et la dernière tranche le fil de la vie. Voilà pourquoi le fait de les voir constitue un présage de mort. La Dame a un côté lunaire puissant, cet astre montrant une phase ascendante, une phase pleine et une autre déclinante. Parfois dans les légendes, on peut voir la Dame montée sur une jument blanche.

Danse

La danse est une célébration, une libération voisine de l'extase mystique. On reconnaît dans les chapiteaux romans la danse du Roi David et celle de Salomé réclamant la mort de Jean Baptiste. *Danse macabre / danse des morts* : on donne ce nom à des peintures ou à des sculptures en bas-relief qui dénoncent les vanités du monde et représentent une ronde d'hommes qui dansent sous l'œil de la Mort, qui préside à cette danse. Dans certaines danses macabres, les danseurs sont des squelettes ou des cadavres décharnés.

Déesse-mère
Le culte de la Grande Déesse, ou Déesse-mère remonte au-delà de toutes les religions. Il commence à la préhistoire, quand l'homme prend conscience de la puissance de la nature qui l'entoure… Il imagine, avec les chamans ou des sorciers pour jouer les intercesseurs, et s'adresser à elle, la Grande Déesse, à laquelle il donne, dans des cornes sculptées ou des poteries, l'aspect d'une femme ronde, au ventre énorme, à la vulve démesurée. C'est la Protectrice que l'on invoque lorsque l'harmonie du monde environnant – tempête, guerre tribale, sécheresse, maladie, blessure ou déluge – est menacée, la Terre nourricière qui aide à maîtriser les quatre éléments – terre, air, feu, eau –. Quand il tue un animal, l'une de ses créatures, le chasseur lui rend son sang, en lui demandant de lui pardonner de garder sa viande. Et pour la prier, l'honorer, l'invoquer plus facilement, la « concrétiser », on grave ou dessine avec du charbon de bois sa ronde image sur des galets, que l'on porte en amulette. De grand-mère bienfaisante et mère nourricière, elle évoluera, et, à l'âge de bronze, selon les latitudes, deviendra Isis, Gaïa, Déméter, Cybèle, Déesse-mère… et Marie.

Les déesses-mères se retrouvent dans les mythologies celte et gallo-romaine, appelées Matres, Matronae… Ce sont des déesses des sources, souvent guérisseuses, ou des protectrices des récoltes, des arbres, de la famille. Beaucoup de lieux qui leurs sont consacrés seront christianisés sous le patronage de sainte Marthe et de sainte Marguerite, voire sainte Madeleine ou sainte Brigitte, Brigit étant, dans la religion druidique, la mère, l'épouse, la sœur et fille, la patronne des druides, des guérisseurs et des forgerons, parfois comparée à Minerve. Les déesses-mères, au Moyen Âge « vierges noires », sont souvent représentées, comme Marie le sera plus tard, allaitant un enfant.

Démon

Génie du mal, esprit qui s'est révélé au premier homme, d'après la religion chrétienne, sous la forme d'un serpent, afin de le tromper et lui faire perdre le paradis terrestre. Les sculptures du moyen âge ont reproduit le démon sous des formes qui rappellent tantôt les reptiles, tantôt le dragon ou même le crocodile.

Diable

Esprit du mal, qui se présenta, selon la Bible, à Ève sous la forme d'un serpent pour la tenter. Pendant le Moyen Âge, on a représenté le diable sous des formes qui rappellent, surtout en peinture, un satyre antique au teint noir et livide, aux yeux flamboyants, au corps maigre et velu ; son front porte des cornes, il a une longue queue souvent terminée par un dard.

Le Diable, dans l'univers légendaire, apparaît, à l'instar du géant, du dragon et autres monstres, comme l'un des enfants favoris de la Déesse-Terre. Curieusement, son œuvre semble plutôt positive, puisque c'est un grand bâtisseur, en particulier de ponts entre les mondes. Lui, pourtant surnommé le Malin, a un côté naïf, comme toutes les créatures de la Terre et se laisse berner par n'importe qui, ermite ou saint homme. Créature de la nuit, il s'enfuit au chant du coq ou dès le premier rayon de soleil.

Djinns
Génies malfaisants, laids et monstrueux des mythologies orientales, notamment musulmanes. Ils existaient sur terre avant la naissance d'Adam. S'étant révoltés contre Dieu, ils furent maudits par lui et chassés dans un coin de la terre.

Doigt
Mesure de longueur romaine dite travers de doigt ; le 1/16e du pied, soit 19 mm. Le doigt était aussi une fraction du pied grec. Dans l'archéologie égyptienne, les doigts, surtout l'index et le médius réunis, se retrouvent fréquemment ; c'était une amulette qui devait empêcher les sorts ou les sortilèges de frapper les individus qui avaient été ensorcelés. Dans l'antiquité, les doigts avaient une signification symbolique et divine, renforcée par les anneaux ou bagues qu'on y passait : auriculaire, attribué à Mercure ; index, attribué à Jupiter. Annulaire, attribué au Soleil ; médius, attribué à Saturne ; pouce, attribué à Vénus. Dans des scènes sculptées, les doigts peuvent bénir ou recevoir, indiquer ou interroger. Ne sont actifs que les doigts ouverts, tendus ou rayonnants.

Dolmen
En langue celtique table de pierre, ce monument dit aussi druidique, mégalithique, se compose de pierres dont les unes sont plantées en terre et les autres posées transversalement au-dessus. Ces monuments servaient de sépultures et d'autels. On les nomme également allées couvertes, pierres levées, tables des fées, tables du diable, de César, cairns...

Utilisés comme sépultures et espaces sacrés par les hommes du Néolithique, ils ont été prétexte à d'étranges affabulations. Beaucoup ayant été violés et vidés de leur contenu, ils deviennent les maisons, les cabanes, les antres des fées, des nains ou des géants, des saints, du Diable et d'autres créatures extraordinaires. Leurs fondations recèlent des trésors inestimables, le tout basé sur un fond de vérité, certaines sépultures protohistoriques ayant livré des bijoux en or et des armes en bronze. Comme la table de couverture a souvent été dénudée, on a prétendu qu'on s'y livrait à des sacrifices, suspicions sans aucun fondement, puisque le dolmen était primitivement enfoui sous un tumulus, image de la Terre et du Ciel.

Donjon
Tour principale d'un château fort, ordinairement séparée des autres constructions. La plupart des forteresses féodales n'étaient formées que d'un simple donjon élevé sur une butte. Celui-ci était entouré d'un premier fossé, puis d'un rempart en terre, dont l'accès était défendu par un second fossé.

Dragon
Enseigne de la cohorte romaine introduite à l'époque de Trajan. Les Romains avaient emprunté au Parthes ce genre d'enseignes. Le dragon était aussi un animal fantastique de la mythologie païenne : le Jardin des Hespérides, la Toison d'or, la Fontaine de Castalie étaient gardés par des dragons, issus du monde infernal. Dans l'archéologie chrétienne, cet animal symbolise souvent le démon, le diable, dont il est l'allié ou le serviteur. C'est un reptile ailé aux replis tortueux qui emprunte des pattes soit au cheval, soit au lion ; quelquefois, il est armé des serres puissantes d'un oiseau de proie. Sa tête et son corps sont hérissés

de crêtes aiguillonnées ; il fascine et foudroie de son regard ; sa gueule vomit des flammes ; enfin, il empeste l'air de son haleine fétide. Saint Georges et saint Michel, en le terrassant, libèrent ses puissances terrestres, telluriques, vers le Ciel. Ces puissances se transmettent par la lance plantée par ces saints (patrons de la chevalerie) dans la gueule du monstre.

Son aspect abominable sert à mettre en valeur la vaillance du héros ou du saint qui doivent le réduire à merci. Traditionnel gardien de trésors, il est celui qui ouvre les portes de la connaissance à l'initié. Parfois, il s'identifie à la fée - Mélusine en est un bon exemple - car il est la matrice maternelle, aquatique et terrestre, d'où sort tout être vivant. Mais, à côté de sa valeur négative et féminine de monstre, il en a une, positive, masculine et céleste, liée à la fécondité et à la foudre, quand il crache du feu.

Droit (côté)

Le côté droit est celui de l'activité, celui de l'énergie du principe solaire. Mis en avant il montre qu'un personnage débute une action, sa main droite tenant un objet, annonce qu'il utilise l'objet, ou qu'il le donne à quelqu'un. Dans un édifice, le côté droit est le côté du Midi lorsque l'on regarde l'Orient. C'est le lieu où la Connaissance expérimente.

Druide

Prêtre de la religion celte. Ses accessoires sont le chaudron, la faucille d'or pour trancher le gui sacré, le chêne... On trouve des druides dans les légendes liées aux rochers, aux bois sacrés et aux mégalithes. Souvent, on leur prête la pratique des sacrifices humains, au mépris de la réalité historique. Mais on leur attribue aussi sagesse et pouvoir de connaître l'avenir. Détenteurs d'une science secrète, ils sont détrônés par les saints et réintroduits tardivement dans le canevas légendaire.

Éléments

Les 4 éléments traditionnels sont le Feu, la Terre, l'Air et l'Eau. Ils sont représentés dans l'art chrétien par les quatre évangélistes entourant le Christ en gloire : un homme, un taureau, un lion et un aigle.

Enfer

L'enfer est l'opposé du paradis et de ses délices réservés aux saints et aux élus. Tous les monstres grotesques et menaçants s'y trouvent ainsi que les âmes des humains que les vices ont perdus.

Ex-voto

Objet de toute nature déposé par suite d'un vœu (ex-voto) dans un temple, comme offrande à la divinité. Dans les temples, les femmes déposaient leurs bijoux et leur chevelure comme ex-voto ; les guerriers, leurs boucliers et leurs armes ; les athlètes, les couronnes d'or et d'argent qu'ils avaient remportées.

Farfadet (Fayet)

Les farfadets apparaissent comme les enfants des fées, dans un sens premier et plus généralement comme des sortes de lutins se livrant à mille facéties. On leur attribue souvent un corps velu, dès leur naissance, comme à tous les êtres venu d'un univers souterrain.

Fantôme

Généralement, les fantômes ne sont pas nommés en tant que tels, mais diverses créatures savent les évoquer. La chasse infernale en demeure le volet le plus impressionnant. Comparées à eux, les Dames ont un caractère enjôleur qui rend la Mort presque agréable. Les fantômes d'animaux, chiens et loups annoncent la curée et les abominations démoniaques. Quant au cheval, il reste à mi-chemin entre ce monde et l'autre, pouvant faire passer le pas dans un sens ou dans l'autre.

Fée

Fée et conte de fées... Magie de la fée... Souriante, éthérée, avec de longs cheveux blonds, une baguette à la main, venue de nulle part, mais toujours prête à exaucer tous vos vœux : voici le personnage-clef de l'univers légendaire. Cette descendante de la Déesse-Mère des origines a le beau rôle. Dès le néolithique, elle est gardienne des sépultures. Dans son aspect inverse, elle est celle qui donne la vie et préside aux naissances. Ici interviennent les bonnes fées qui offrent des qualités aux nouveau-nés au fond de leur berceau. Cependant, il y a toujours une mauvaise fée, prête à nuire, et à dispenser à l'enfantelet les pires défauts.

Les fées se déplacent par trois comme les étapes de la vie, sept comme les jours de la semaine, neuf comme le nombre sacré de la Lune. Multiples sont leurs apparences, tantôt déguisées en mortelles, tantôt munies de la queue de la sirène ou du dragon, tantôt parées des ailes de l'ange et du voile diaphane de l'illusion, tantôt caprines, quand elles deviennent chevrettes blanches, elles entraînent les pauvres fous vers un malencontreux destin.

Flamel (Nicolas)

Nicolas Flamel dans une petite maison exerçait le métier d'écrivain public. Un jour, il fit la découverte d'un livre rare et précieux, *Le livre d'Abraham le Juif*, grâce auquel il réalisa le rêve de tout alchimiste, transformer le vil métal en or. Devenu riche, il fit restaurer l'église Saint Jacques de la Boucherie et installer dans le cimetière des Innocents une sculpture parfaitement hermétique qui est sa signature. Elle demeure, aujourd'hui encore, impossible à élucider.

Fontaine
Dans l'univers légendaire, toute fontaine est miraculeuse. L'eau source de vie devient guérisseuse et purificatrice. La fontaine est liée à l'arbre sacré et au jardin du Paradis.

Galipote (ou Ganipote)
Dans les régions de l'ouest de la France, apparition monstrueuse. Pour certains, il s'agit de sorcières qui abandonnent leur aspect humain pour revêtir celui d'un animal, chien ou poule, et terrorisent les passants attardés, une fois la nuit tombée ; une sorte de Loup-Garou. Pour d'autres, la Galipote serait un dragon souterrain, veillant sur les trésors enfouis.

Gargantua
Popularisé par Rabelais, Gargantua est devenu le plus célèbre géant de France. Connu surtout dans le Centre, la Normandie ou la Bresse, il apparaît dès le XIIe siècle, sous le patronyme de Gorgon, mot en relation avec la pierre et la montagne (racine *Krn*, que l'on retrouve aussi dans Carnac).

Gargouille
Extrémité saillante d'une gouttière ; dans l'Antiquité, on utilisait des masques en terre cuite. Pendant l'époque ogivale, les visages grotesques des gargouilles étaient destinés à repousser à l'extérieur de l'édifice les énergies néfastes.

Gauche (côté)
Dans un édifice traditionnel orienté vers l'est, ce qui est du côté gauche, au nord, est lunaire. C'est le lieu de l'enseignement et du baptême. On y remarque les rois et prophètes de l'Ancien Testament. À partir de la Renaissance, cette disposition orientée selon la marche de la lumière n'est plus respectée. Symboliquement, la main gauche reçoit et la main droite donne. À gauche est la Connaissance et à droite l'activité.

Génie
Sorte d'ange gardien qui naissait avec chaque mortel et mourait en même temps que lui ; chez les Romains on nommait *genius loci* l'esprit gardien d'un lieu.

Géobiologie
La géobiologie démontre que tout édifice traditionnel intègre, dans ses fondations, des courants d'énergie harmonisant les éléments du sous-sol et de la construction elle-même.

Gothique
L'art et le style gothique, situés entre l'art roman et celui de la Renaissance, se distinguent par l'ogive (d'où *ogival*, son synonyme) et l'élancement des édifices. Gothique vient de Goth, nom d'une tribu germanique du VIe siècle ; les érudits de la Renaissance, férus d'antique, baptisèrent ainsi cet art qu'ils considéraient comme barbare. L'art gothique ou ogival s'épanouit du XIIe au début du XVIe siècle. À l'arc de plein cintre roman est substituée l'ogive. Il se caractérise par la prééminence de la ligne verticale sur la ligne horizontale, la richesse des ornements et des sculptures. On distingue trois périodes de gothique : l'art ogival primitif, l'art ogival rayonnant, l'art ogival flamboyant. Par rapport aux édifices romans, le chœur s'allonge, des chapelles

s'ajoutent latéralement autour du sanctuaire. Les sculptures, notamment végétales, prolifèrent sur les piliers. La pierre est finement ciselée, et les édifices de l'ogival flamboyant, abandonnant les personnages massifs et naïfs, présentent des statues dont la grâce et l'équilibre des proportions annoncent le classicisme gréco-latin de la Renaissance. À l'extérieur, des arcs-boutants soutiennent les murs, et permettent leur plus haute élévation.

Griffon

Animal fabuleux réunissant la force, l'adresse et l'agilité ; on le représente avec le corps d'un lion ayant la tête et les ailes d'un aigle. L'antiquité en a décoré des frises (zoophores). Dans l'archéologie chrétienne, cet animal symbolise, quand il est pris en bonne part, le sauveur, et en mauvaise part, le démon et l'hypocrisie.

Grotesque

Figures bizarres, monstrueuses, comiques ou hideuses parfois obscènes, que les artistes du Moyen Âge plaçaient sur les façades des églises. Ils en sculptèrent sur pierre, mais aussi sur bois, pour des stalles de chœur, pour des menuiseries et des boiseries d'intérieur.

Gui

Plante parasite, notamment du chêne, le gui, sacré chez les Celtes, symbolise la Lune et l'émanation supérieure du monde végétal.

Géant

Issu d'un autre âge, le géant hante les imaginations. Le mythe du géant semble avoir pris âme au cours de la protohistoire et avec les envahisseurs indo-européens qui, contemplant les dolmens laissés par les populations qui les avaient précédés sur le sol de la France, crurent qu'ils avaient été édifiés par une race exceptionnellement grande (en science et savoir plutôt qu'en taille). En outre, il existe un lien entre Géants et Gaïa (la Terre) : les géants seraient, au départ, simplement les fils de la Terre, les autochtones. Créatures issues du monde tellurique, malgré leur vitalité, ils se retrouvent dans les mêmes lieux que les fées, les dragons et le Diable, quand ils ne font pas concurrence aux nains.

Gobelins
Les Gobelins entrent dans la catégorie du « petit peuple » plus ou moins invisible, à la limite de l'esprit et du lutin. Jadis, les forêts les accueillaient, mais ils venaient aussi jouer des tours aux humains. Dans certaines provinces, ils demeurent associés aux disparus et apparaissent sous la forme d'un cheval magique.

Grotte
Symbole de l'univers souterrain et de la matrice maternelle, la grotte, la caverne, l'antre ont une place privilégiée dans notre imaginaire, avec une valeur allant du positif au négatif. La grotte est le domaine incontesté de la Terre-Mère. Naturelle ou, plus tard, artificielle, elle a de tout temps attiré l'homme, simple abri, lieu d'habitat et de sépulture ou espace sacré. Cet attrait a suscité l'idée d'univers fabuleux ou parallèles, dont elle serait la clef.
Entrer dans ses ténèbres, c'est ouvrir la porte, soit des Enfers, soit d'un jardin merveilleux. De redoutables occupants en ont fait leur domaine, et en premier l'ours. Ici, la légende rejoint la réalité : l'homme préhistorique a dû lui disputer cet espace qui le protégeait des intempéries. De là a pu naître une légende comme celle de Jean de l'Ours, né de l'union monstrueuse

d'un ours et d'une femme. Si l'on y rencontre le Diable, c'est parce que la grotte - souterraine - s'assimile au monde infernal. Plus généralement, les fées, qui sont les héritières de la Déesse-Mère, les enchanteurs, mais aussi quelques dragons ou, au contraire, des saints d'une piété exemplaire vivent dans ce microcosme.

Harpies

Monstres fabuleux au nombre de trois : Aëllo, Ocypète et Céléno, elles avaient le visage d'une vieille femme, un corps de vautour et de grandes griffes ; elles symbolisaient la mort prématurée des jeunes filles. Dans l'iconographie chrétienne, les harpies symbolisent le démon et le repentir.

Herbe magique

Humble, la plante ou l'herbe a peu de place dans l'univers légendaire, à moins qu'il ne s'agisse de champignon hallucinogène ou diabolique, à pied blanc et à chapeau rouge, agrémenté de points blancs, qui sert de demeure aux nains, ou bien de *l'herbe d'égarement*. Dans les deux cas, la vertu magique ou curative prime.

Hibou

Symbole du Christ, c'est le *nycticorax* des bestiaires latins, le *nicorace* du bestiaire divin de Guillaume le Conquérant. Chez les Athéniens, le hibou était symbole de prudence et de sagesse, l'oiseau de Minerve (que l'on a souvent confondu avec la chouette).

Hippocerf

Animal fantastique de la mythologie chrétienne moitié cheval et moitié cerf ; il personnifie l'homme pusillanime qui se jette sans réflexion dans les voies incertaines et qui se désole bientôt de s'y être engagé.

Hippogriffe

Animal fabuleux de la mythologie médiévale ; il fendait les airs avec une grande facilité et beaucoup de célérité, car il était moitié cheval et moitié griffon.

Hydre

Monstre à neuf têtes de la mythologie grecque, né, comme la Chimère, de Typhon et d'Echidna ; il fut tué par Hercule.

Isoré

Isoré est un géant qui a donné son nom à la ville d'Issoire, à un château au confluent de la Vienne et de la Loire et à quelques autres lieux (Isère, Iseran, dans le Dauphiné). On se perd en conjectures sur l'origine de ce nom.

Jument

La jument apparaît en parallèle avec le cheval, en particulier avec la Blanque-Jument, un équivalent du Cheval Bayart. À l'époque gauloise, la Déesse-Mère se parait de la robe de la jument, et portait le nom d'Epona. À l'époque gallo-romaine, elle est représentée par une jeune femme aux cheveux bouclés montant en amazone. Mais antérieurement, elle se trouve figurée simplement par une jument allaitant son poulain, valorisant le côté maternel de la divinité. De là dérivent ses deux aspects, celui de la cavale démoniaque, venue des Enfers et liée à la Mort, et celui de monture de la Dame blanche.

Kardec Allan

Allan Kardec, médecin originaire de Lyon, mit au point la philosophie « spirite ». Pour lui, les esprits ne sont ni des anges, ni des démons, ni des génies, mais des aspects immatériels de l'âme des défunts, susceptibles de devenir fluidiques. Ce fluide est individué, mais participe cependant du fluide cosmique universel. Il fut hypnotiseur et écrivit plusieurs ouvrages traitant de l'Au-delà, de la mort, des esprits, de la réincarnation.

Kerion ou Korigan
Ces deux noms correspondent aux dénominations des lutins qui hantent les mégalithes bretons. Abominables créatures velues, elles ont des ailes de chauve-souris et lancent des cris à glacer le sang. Elles ne sortent que la nuit pour effrayer les passants perdus dans la lande.

Laminaks
Au Pays Basque, les lutins prennent le nom de Laminaks. Ils sont turbulents, moqueurs, mais bons bâtisseurs, prêts à aider les hommes, à condition que les coqs ne les troublent pas par des chants intempestifs. Car il leur faut disparaître avant l'aurore, comme toutes les créatures de la nuit. Il leur arrive aussi de griller en tombant par la cheminée.

Loucetios ou Lug
Dieu gaulois que les Romains avaient assimilé à Mercure, en raison de ses talents industrieux. En fait, il s'agit surtout d'une divinité à caractère lumineux qui a laissé des traces dans la toponymie, avec Lyon (lion) ou Loup, ce qui prête à confusion. Son pendant féminin est Lusine, elle aussi très présente dans la toponymie.

Lémures
Âmes des morts qui, d'après les croyances religieuses des Romains, étaient transformées en génies bienfaisants ou malfaisants selon qu'au cours de sa vie terrestre, les porteurs des âmes avaient été bons ou mauvais, honnêtes ou fripons. Elles pouvaient revenir pour tourmenter les vivants pendant leur sommeil.

Levées (pierres)
Synonyme de menhirs.

Licorne
Dans l'iconographie chrétienne, monstre fabuleux au corps de cheval avec une immense corne sur le front. Symbole de chasteté et de puissance. Selon la légende, pour attraper une licorne, on lui présentait une jeune fille. Si elle était vierge, la licorne venait s'endormir sur son sein. Si elle n'était plus vierge, la licorne en furie lui transperçait le ventre de sa corne, et prenait la fuite jusqu'au printemps suivant.

Lièvre
Dans l'iconographie chrétienne, le lièvre symbolise la course rapide de la vie. On retrouve cet animal reproduit sur des lampes, des pierres gravées, des pierres sépulcrales…

Limaçon
Dans l'iconographie chrétienne symbole de la paresse et de la résurrection.

Lion
Il symbolise dans diverses iconographies la noblesse, la force, la vigilance, le pouvoir royal et l'orgueil des armes.

Lis
Emblème de la royauté française, symbole lunaire de virginité et de pureté, le lis est le signe de ceux qui ont été choisis par la divinité ou le destin.

Loup
Animal qu'on adorait à Lycopolis ; il figure souvent dans les signes hiéroglyphiques. Les Grecs avaient consacré le loup à Apollon, les Romains à Mars. Dans

l'iconographie chrétienne, cet animal symbolise le démon, dont il est le serviteur. Il est associé au royaume des morts. Lorsqu'un dolmen ou un sommet se trouve consacré au loup, une hésitation existe entre le Dieu Lug et l'animal issu, lui, des ténèbres. Car l'animal est ambivalent.

Loup-Garou : la lycanthropie ou la possibilité à l'homme de devenir un loup, le temps de la pleine lune, est un thème connu dans l'Europe entière, depuis l'Antiquité. Il s'agit, probablement, de rites de fécondité dont on a oublié la signification première. Seul le caractère bestial et abominable de la mutation a enflammé les imaginations, liant cela au Diable et aux sorciers.

Lucifer

Ange déchu, souvent représenté dans l'art chrétien tombant d'une haute montagne. Ancien « porteur de Lumière », il tente l'homme par son orgueil, tandis que Satan le tente par le plaisir des sens.

Lug

Lug à la main longue, le dieu industrieux, héritier du *Loucetios* plus archaïque, tient une place prépondérante et il semble devenir le champion de la culture celtique, éliminant le tonnant *Toutatès*. Il a sa fête début août, au milieu de l'été et il personnifie la lumière, équivalent d'Apollon. Avec le christianisme, les dieux antiques perdent leur statut de divinités et deviennent les simples héros d'une légende. La fête de Lugnasad (assemblée de Lug) avait lieu le 1er août. On célébrait Lug qui protège et partage les richesses. C'était l'occasion d'une foire où tout se négociait, accords commerciaux, mariages, procès, et où avaient lieu de multiples compétitions, lutte, lancer de javelot, tir à l'arc, concours d'éloquence…

Lutin

Les lutins sont de petits personnages vifs et délurés, qui entretiennent de bonnes relations avec le monde paysan, lui rendant service en gardant les troupeaux, en balayant la chaumière, contre de la menue monnaie ou des friandises. On leur pardonne les farces qu'ils sont susceptibles de faire, lorsqu'ils sont contrariés ou excités. Ils s'apparentent aux nains et garder d'étroits contacts avec le monde souterrain, voire infernal. Lutin demeure un terme général, dont on ignore l'origine ; selon les régions, ils ont des appellations diverses : Sotrés, Servants, Kérions, Gobelins, Dracs ou encore Laminaks.

Magdalénien

Terme d'archéologie préhistorique, venant de la grotte de la Madeleine, en Dordogne. Industrie du paléolithique supérieur, - 15 000 / - 9 000.

Mandorle

L'amande, l'œuf cosmique, sont des symboles du mystère de la naissance et de la résurrection. C'est dans une mandorle que se reconnaissent, sur les tympans romans, le Christ, Marie et quelques personnages d'une grande sainteté.

Mandrin

Fils d'un maréchal-ferrant (ou marchand de bestiaux) de Saint-Étienne-de-Saint-Geoirs, dans le Dauphiné, Louis Mandrin, né vers 1725, reprend l'affaire familiale à 17 ans, à la mort de son père. Mais cet aîné de neuf enfants ne parvient pas à la faire prospérer. Aussi s'engage-t-il, en 1748, par l'intermédiaire des collecteurs de taxes de la Ferme générale, administration fiscale de l'Ancien Régime, comme ravitailleur des troupes françaises, alors en guerre en

Italie. Au retour de sa mission, où il a perdu presque tous ses mulets (une centaine) pendant la traversée des Alpes, la Ferme générale refuse de le payer. Louis Mandrin se révolte. Après une rixe sanglante le 30 mars 1753, il devient hors-la-loi. Ayant pris la tête d'une bande de contrebandiers (jusqu'à 300 hommes), qu'il organise de façon militaire, déclare la guerre à la Ferme générale, non sans proclamer ostensiblement son dévouement au roi Louis XV.

En 1754, il met sur pied six campagnes de contrebande. Pour chacune de ces campagnes, il achète en Suisse des marchandises (tissus, peaux, tabac, toiles et épices), qu'il entrepose en Savoie (duché autonome), et qu'il revend détaxées dans les villes françaises, avec le soutien total de la population. La Ferme générale, pour lutter contre lui, obtient du roi. Mandrin s'enfuit en Savoie.

Le capitaine des troupes de la Ferme générale fait déguiser 500 de ses hommes en paysans et pénètre avec eux, illégalement, sur le territoire du duché. Trahi par deux membres de sa bande, Mandrin est pris avec trois de ses complices au château de Rochefort-sur-Novalaise et ramené en France, à Valence, pour y être jugé. La condamnation – sans surprise - tombe le 24 mai 1755 : Louis Mandrin, surnommé « Belle humeur » est, à l'âge de 30 ans, condamné à être roué vif sur la place publique, à Valence (Dauphiné). La sentence est exécutée deux jours plus tard ; auparavant, on fait subir au condamné la torture des brodequins, afin de lui faire avouer le nom de ses complices : ses jambes sont écrasées entre deux planches. Il ne parle pas. Conduit à l'échafaud, exposé face au ciel sur une roue de carrosse, il a, devant une foule immense, les membres brisés à coups de barre de fer. Au bout de huit minutes, sur la demande de l'évêque qui assiste au supplice, le bourreau l'étrangle, mettant fin à ses souffrances.

La légende de Mandrin, le bandit bien-aimé, commence. Une chanson, la *Complainte de Mandrin*, écrite aussitôt après sa mort, sur un air d'opéra de Rameau, va l'immortaliser.

Nous étions vingt ou trente,
Brigands dans une bande,
Tous habillés de blanc,
À la mode des...
Vous m'entendez ?
Tous habillés de blanc
À la mode des marchands.

La première volerie
Que je fis dans ma vie
C'est d'avoir goupillé,
La bourse d'un...
Vous m'entendez ?
C'est d'avoir goupillé
La bourse d'un curé.

J'entrai dedans sa chambre
Mon Dieu, qu'elle était grande !
J'y trouvai mille écus,
Je mis la main...
Vous m'entendez ?
J'y trouvai mille écus,
Je mis la main dessus.

J'entrai dedans une autre,
Mon Dieu, qu'elle était haute !
De robes et de manteaux
J'en chargeai trois...
Vous m'entendez ?
De robes et de manteaux,
J'en chargeai trois chariots.

Je les portai pour vendre
À la foire en Hollande.
J'les vendis bon marché,
Ils n' m'avaient rien...
Vous m'entendez ?
J'les vendis bon marché,
Ils n' m'avaient rien coûté.

Ces Messieurs de Grenoble
Avec leurs longues robes,
Et leurs bonnets carrés,
M'eurent bientôt...
Vous m'entendez ?
Et leurs bonnets carrés
M'eurent bientôt jugé.

Ils m'ont jugé à pendre,
Ah ! c'est dur à entendre !
À pendre et étrangler,
Sur la place du...
Vous m'entendez ?
À pendre et étrangler,
Sur la place du Marché.

Monté sur la potence
Je regardai la France,
J'y vis mes compagnons,
À l'ombre d'un...
Vous m'entendez ?
J'y vis mes compagnons,
À l'ombre d'un buisson.

Compagnons de misère,
Allez dire à ma mère,
Qu'elle ne me reverra plus,
Je suis un enfant...

Vous m'entendez ?
Qu'elle ne me reverra plus,
Je suis un enfant perdu !

Manicore

Dans l'iconographie chrétienne, la manicore est un animal hybride à tête humaine, au corps rond terminé en serpent ; cet animal symbolise la triple concupiscence.

Mascaron

Masque à face d'homme ou d'animal qui décore des clefs d'arcs ou de voûtes...

Matre / Morgue

Matre et Morgue (ou Morgane) sont deux dénominations de la Déesse-Mère, la première se rapportant à son volet maternel, alors que la deuxième correspond au côté déesse de la Mort.

Morgane ou Mary-Mor-Gan correspond à une fée ou à une sirène, à une fée-poisson. La princesse de la ville d'Ys, la sorcière qui a réussi à enchanter Merlin et à le retenir prisonnier dans un voile d'air et aussi la déesse de la Mort irlandaise, toutes portent ce nom.

Mégalithique

Période entre le paléolithique et le néolithique : - 12 000 / - 6 000.

Mélusine

La fée Mélusine, une vouivre qui, comme les sirènes, avait un visage et un buste de femme, et une queue de poisson à la place des jambes, épousa Raimondin, comte de Poitou, après qu'il l'ait rencontrée près d'une fontaine, alors qu'il chassait. Impressionné par sa beauté, il lui avait demandé de l'épouser, ce qu'elle avait accepté, à une condition : que jamais il ne cherche à pénétrer dans sa chambre, au crépuscule, tandis qu'elle se baignait. Il promit, ils convolèrent, eurent des enfants... Jusqu'à cette fin de journée de chasse où Raimondin, par inadvertance, entra dans la chambre. Mélusine, qui avait repris sa forme originelle de sirène, se délassait dans la vaste vasque qui lui servait de baignoire. Avant qu'il ait pu réaliser qui était vraiment sa femme, Raimondin la vit s'envoler par la fenêtre, telle une immense chauve-souris. Souvent, par la suite, notamment les nuits de tempête, on entendit gémir autour du donjon : ce n'était pas le vent, mais Mélusine, pleurant sur le bonheur perdu de sa vie terrestre, et qui tentait, par les ouvertures, d'apercevoir ses enfants. Même quand ceux-ci eurent grandi et eurent vécu, elle continua à hanter le château de Lusignan.

Menhir

Monument consistant en une énorme pierre plantée droite dans le sol. Nombreux sont les menhirs, pierres dressées ou rochers placés ainsi par la nature et l'érosion, qui ont été le théâtre d'étonnantes légendes et de pratiques pour le moins bizarres, leur aspect phallique suscitant le pôle masculin de la création, la sexualité et le Feu. On les dotait en outre du pouvoir de se déplacer ou de grandir, et d'avoir été érigés par des nains, géants et fées. Ils abritent de la cupidité des hommes de splendides trésors.

Mesures

À partir du pied médiéval, dit pied de Charlemagne (0,324 m) on obtient : 1 toise = 1,949 m ; 1 pouce = 0,027 m ; 12 pouces = 1 pied ; 6 pieds = 1 toise. Ces mesures variaient selon les régions, et les époques. Autres unités, la ligne, diamètre d'un grain d'orge ;

la coudée, la palme, distance entre les extrémités de l'auriculaire et l'index d'une main écartée (= 12,4 cm, soit 55 lignes) ; l'empan, distance entre les extrémités de l'auriculaire et du pouce d'une main écartée (= 21 cm, soit 89 lignes)...

Métaux

L'Église romane a repris au culte de Mithra l'association métal/maison astrologique.

L'Or, pour sa lumière, est associé au Soleil ; l'Argent à la Lune ; le Fer à Mars, irascible dieu de la guerre ; le Cuivre, pour son éclat, est associé à Vénus ; le Plomb, pour son aspect sombre et son poids, à Saturne ; l'Étain, pour son inconstance, est associé à Jupiter.

Minotaure

Monstre moitié homme et moitié taureau qui habitait le labyrinthe construit par Dédale en Crète. Il se nourrissait de chair humaine ; la Grèce chaque année était obligée de lui payer un tribut de jeunes gens. Thésée tua le Minotaure pour exempter la Grèce de ce tribut.

Monstres

Les mythologies de nombreuses religions ont adopté des monstres hybrides pour effrayer les hommes, afin de leur inspirer des craintes salutaires pour les conduire au bien. Aussi tous ces monstres ont-ils une signification symbolique. Ils sont à vaincre lorsque, comme les chevaliers de la Table ronde, on entreprend une quête spirituelle.

Mont, Montagne

Comme les forêts, les étangs ou les fleuves, les monts et montagnes apparaissent dans les légendes. Gargantua et Hercule en ont dressé quelques-uns.

Mouton noir
Le mouton noir est rituellement offert au Diable, pour s'attirer son concours. C'est le jumeau infernal du bélier solaire.

Moyen Âge
Époque de transition entre l'Antiquité et la Renaissance.

Nain
Les nains appartiennent à un peuple de petites créatures, plus ou moins visibles, cachées dans des trous de taupes, des champignons ou encore dans les dolmens aux couloirs surbaissés. Dans les mythologies scandinave et celte, on leur prête un rôle de forgerons, ouvrageant au fond de souterrains, proches des Enfers, des épées magiques. Parfois, ils ont la garde de trésors, mais comme ils sont bavards, les secrets sont trahis, mais sous une forme détournés.

Néolithique
Depuis - 6 000, on distingue le *Néolithique ancien* (- 6 000/- 4 500), le *Néolithique moyen* (- 4 500/- 3 000), le *Néolithique final* (- 3 000 jusqu'à l'âge du bronze).

Ogre
L'ogre est un monstre affamé, plutôt de grande taille. Cette image de dévoreur lui vient de son modèle, Orcus, le dieu gallo-romain des Enfers, qui avalent inexorablement leurs proies. L'ogre est cousin de l'ours, autre goinfre notoire, et des géants qui engloutissent avec avidité tout ce qui passe entre leurs mains.

Oie
Si l'un des aspects de la Déesse-Mère, devenue fée, se pare de la queue du serpent, l'autre prend les ailes de l'oiseau migrateur, oie, canard ou cygne. Le mythe du chasseur qui vole le manteau de plumes

d'une belle jeune femme se baignant dans un lac avec deux compagnes se retrouve dans toute l'Eurasie. Ne pouvant plus s'envoler, la demoiselle se voit contrainte d'épouser le chasseur et de lui donner neuf enfants avant de reprendre ses ailes et de disparaître définitivement. Dès le paléolithique, en Sibérie surtout, la Déesse-Mère est représentée par un cygne. Les populations caucasiennes conservent cette tradition au cours du néolithique. Dans la tradition celtique, l'oie sert de messagère avec l'autre monde. Elle entre dans des légendes plus récentes et dans la toponymie, avec Auch, Oue ou encore Ouche.

Or

Symbole de richesse matérielle et de Lumière spirituelle. L'art roman représente l'adoration du Veau d'Or par les avares ou les puissants de ce monde. La tradition associe l'or au lion sur le plan animal, au roi sur le plan humain et au soleil sur le plan spirituel. L'alchimie fait passer le plomb par ces trois phases avant qu'il ne devienne or.

Orient

L'axe solaire est-ouest illustre le cycle de la vie humaine et la résurrection. L'Orient, d'où le Soleil naît, est le point où apparaîtra le Christ lors du Jugement Dernier.

Ours

Depuis la préhistoire, l'ours tient une place de choix dans l'imaginaire de l'homme, d'abord en tant qu'ancêtre, puis au temps des Celtes comme symbole de la royauté. D'hiberner dans des grottes le rattache au monde souterrain, plutôt féminin. La légende de Jean de l'Ours, dans les Pyrénées, ritualise la chasse à l'ours qui, devenu ogre ou géant, voudrait ravir une jeune fille pour s'accoupler avec elle.

Paléolithique

Période du quaternaire, allant de - 2 000 000 à - 10 000. *Paléolithique inférieur* (ou ancien) : jusqu'en - 100 000 ; *Paléolithique moyen* : - 100 000/- 35 000 ; *Paléolithique supérieur* : - 35 000/- 10 000.

Pétrification

Très nombreuses dans les légendes sont les allusions à la pétrification, généralement comme punition à de graves fautes. Villes, humains, mais aussi fées, nul n'est à l'abri de ce châtiment exemplaire, en relation avec la Terre, mère parfois cruelle. La pierre joue un grand rôle chez les bâtisseurs, d'où l'idée d'une humanité de pierre chez bien des peuples, ou d'une éternité de pierre, ce que ceux qui dressèrent les mégalithes tentèrent de symboliser.

Pierre

La pierre est considérée, par l'homme préhistorique, comme vivante. Cela peut être le caillou qui sert à fabriquer un outil, la pierre plantée comme une stèle (menhir) ou même le rocher indestructible. Le silex ou le quartz appartiennent à la catégorie des trésors et sont l'objet d'une grande vénération. On peut distinguer plusieurs catégories de pierres dressées : les pierres branlantes, qui oscillent sur leur base ; les pierres tournantes (de préférence les nuits sans lune, ou lorsque toute la communauté humaine assiste à la messe de minuit de Noël), tables de dolmen, menhirs ou même rochers, qui appartiennent à l'univers légendaire ; les pierres à empreintes, qui portent, gravés, des symboles laissés par les hommes du néolithique ou des âges des métaux ; les pierres à cupules ou à écuelles, qui portent des cavités naturelles ou artificielles, objet d'un culte ; les sièges taillés dans le rocher, qui constituent un cas particulier de la catégorie précédente ; les pierres dites à sacrifices, à cause de rainures et cavités susceptibles de recueillir du liquide, sang ou eau rituelle... Toutes ces pierres sont sous la protection de géants, fées, nains ou, christianisation oblige en contrée païenne, saints locaux créés pour la circonstance.

Préhistoire
Période concernant l'humanité avant l'apparition de l'écriture et le travail des métaux.

Protohistoire
Période concernant l'humanité qui suit immédiatement l'apparition de l'écriture et le travail des métaux, et achève la préhistoire. Certaines civilisations mégalithiques sont protohistoriques.

Reliques
Les saintes reliques, au Moyen Âge, firent l'objet d'un important trafic. On se disputait les restes de la Sainte Croix, ou du Saint Suaire, mais aussi dents, ossements et accessoires supposés avoir appartenus aux nombreux saints martyrs de la légende chrétienne... Saint Louis fit construire la Sainte Chapelle, chef-d'œuvre gothique, pour recevoir les reliques achetées très cher à l'empereur de Constantinople, très endetté. Objet de vénération des foules, motif de pèlerinages, les reliques faisaient la richesse des églises ou des monastères qui les contenaient. Il n'était pas rare que des moines, pour la gloire et le profit de leur abbaye, volent les reliques d'un autre monastère.

Roman (art)
Art médiéval (principalement architecture et sculpture) d'Europe occidentale débutant à la fin du IXe siècle et se terminant avec le style gothique, qui

le relaie. Caractérisé par la voûte en plein cintre et l'iconographie où se reconnaissent des figurations à la fois symboliques chrétiennes et légendaires. Le roman primitif, jusqu'au XIe siècle, emprunte au style architectural Romain, qu'il transforme progressivement. La colonne gréco-latine devient, dans les édifices gallo-romains, pilier carré. Les moulures sont imitées des motifs antiques. À l'intérieur, les murs sont plaqués de marbre, incrustés de mosaïques en pâte de verre. Mosaïques aussi dans le pavé des basiliques. À partir du XIe siècle, les ornements des époques mérovingiennes et carolingiennes sont abandonnés. Les moines architectes augmentent les dimensions du chœur, et modifient le rectangle des basiliques. Les églises prennent la forme d'une croix. Les chapiteaux deviennent des livres d'images : écailles, losanges, méandres, palmettes, animaux monstrueux, étoiles... Pour dissimuler le nu austère des murs, on emploie des arcatures, des pilastres et des colonnes. Les portes s'ornent de moulures géométriques, de bas-reliefs richement décorés. La voûte reste le point faible des architectes : lorsque l'église est trop large, ils ne savent comment la couvrir. On divise les voûtes en portions carrées, afin d'en diriger la pression sur des piliers.

Les tombeaux, sous les Mérovingiens simples sarcophages, deviennent des monuments décorés d'arcades et de colonnettes. Vers la fin du roman, on découvre une nouvelle forme d'arcade, l'ogive. D'où naîtra l'architecture ogivale, dite gothique. L'art roman correspond à un christianisme qui s'élabore notamment à partir des acquis celtiques, dont on retrouve la symbolique dans les sculptures. Quand le christianisme devient triomphant, il s'exprime par le gothique. La France possède d'innombrables vestiges romans.

Roitelet
Les roitelets, rouges-gorges ou rouges-queues ont un lien avec le Feu, d'une part, et avec la royauté, de l'autre. Dans les légendes de la Normandie et de l'Orléanais, ces petits oiseaux sont chargés de voler le feu céleste, pour l'apporter à l'homme. Par ailleurs, en Provence et dans le Languedoc, il était de tradition de mettre à mort un roitelet au solstice d'hiver : il représentait le roi de l'année descendante, sacrifié pour que vive celui de la nouvelle année, le Soleil.

Sabbat
Le rendez-vous des sorciers avec le Diable se situe, de préférence, à la croisée des chemins ou encore dans les cercles de pierres ou cromlechs, érigés par les hommes néolithiques, d'où la vindicte de l'Église contre ces lieux d'un culte réprouvé. Le sabbat désigne des pratiques d'anciennes religions, antérieures au christianisme, qui en a fait une cérémonie satanique pour mieux les éliminer.

Sacrifice
Les légendes de sacrifices humains sur les pierres à empreintes sont tardives. Elles proviennent d'une confusion avec le rite de couper la tête de l'adversaire et de l'exposer, que certains guerriers gaulois ont pratiqué.

Saint
Afin de christianiser les campagnes païennes, les saints sont venus s'emparer des monuments témoin d'anciennes croyances, des mégalithes tout particulièrement.

Saints
(comment les reconnaître sur les sculptures des églises et cathédrales)

– **Saint-Jean**, frère de Jacques le Majeur, est imberbe, car il était très jeune au moment de la Passion (mais il est barbu dans l'iconographie byzantine et allemande) ; il tient dans sa main la coupe empoisonnée, remplie de crapauds et de serpents (dans sa légende, un prêtre idolâtre lui aurait dit qu'il croirait à son Dieu s'il avalait un calice rempli de poison, ce que le saint accepta, avec l'aide de Dieu, qui fit sortir la mort de la liqueur, avant qu'elle soit bue, sous la forme d'un reptile). D'après sa légende, il quitta la Terre dans un nuage de lumière, enlevée de son église d'Éphèse.

– **Saint Jude**, frère de Jacques le Mineur, porte la palme du martyre ou un bâton.

– **Saint Matthias** est le treizième apôtre, celui qui remplaça Judas, après avoir été choisi par un tirage à la courte paille. Il tient une croix ou porte un livre.

– **Saint Matthieu** porte le glaive ou la hache, instrument de son exécution, en Éthiopie, où cet ancien percepteur alla évangéliser.

– **Saint Paul** (Saul de Tarse), ancien centurion romain, chauve et barbu, tient le glaive qui fut son outil avant sa conversion, et l'instrument avec lequel il fut exécuté.

– **Saint Philippe** tient la croix latine sur laquelle il fut mis à mort à Hiérapolis, après avoir évangélisé la Scythie et la Phrygie.

– **Saint Pierre** tient, jusqu'au XIIIe siècle, deux clefs ; ensuite, il n'en a plus qu'une seule pour ouvrir les portes du Paradis.

– **Saint Thomas**, qui aurait évangélisé l'Inde, était architecte d'un grand roi ; il tient une équerre ou une règle à la main, quand ce n'est pas une pierre (il a été lapidé). Selon une autre légende, c'est un grand prêtre qui l'aurait tué d'un coup de glaive : le doute sur sa mort n'est guère étonnant avec cet apôtre qui reste associé, selon les Évangiles, à l'incrédulité, car il refusa de croire en la Résurrection du Christ avant d'en avoir constaté les plaies.

Sans oublier Judas, généralement représenté pendu ou bien comptant les trente deniers de sa trahison.

Tous les apôtres, sauf Judas, sont nimbés ; ils sont pieds nus ou chassés de sandales.

Les saints et les saintes ne sont guère identifiables avant le XIIIe siècle, jusqu'à ce que l'évêque Jacques de Voragine écrive leur *Légende dorée*, dans laquelle il leur attribue, outre la palme des martyres qu'ils tiennent dans une main, le symbole, plus ou moins apocryphe, de leur martyr, ou de leur sainteté.

– **Sainte Agathe** tient son sein qui lui fut arraché avec des tenailles.

– **Sainte Anne**, mère de la Vierge, lui apprend à lire (!).

– **Saint Antoine**, la croix en T à la main, marche à côté du cochon qui l'accompagna dans ses voyages.

– **Sainte Barbe**, décapitée par son père, parce que chrétienne, tient une tour, symbole de sa vertu.

– **Saint Benoît** a un corbeau sur l'épaule.

– **Saint Blaise**, patron des cardeurs, et qui sauva un enfant qui avait avalé une grosse arête, a un peigne (ou une carte) à la main.

– **Sainte Catherine** a une roue brisée à la main.

– **Sainte Cécile** joue de l'orgue.

– **Saint Christophe** traverse des eaux en portant le Christ sur son épaule.

– **Saint Denis**, décapité, tient sa tête entre ses mains.

– **Saint Dominique** a un chapelet ou un chien portant une torche allumée.

– **Saint Éloi**, patron des orfèvres, a une enclume.

– **Saint Étienne** a un costume de diacre.

– **Saint Eustache** se prosterne devant un cerf qui a une croix au milieu de sa ramure.

– **Saint Fiacre**, patron des jardiniers à une bêche.

– **Saint François d'Assise** caresse un loup.

– **Sainte Geneviève** tient un cierge allumé qu'un démon tente d'éteindre.

– **Saint Georges**, en cuirasse de soldat, transperce un dragon.

– **Saint Grégoire le Grand**, pontife qui marqua l'histoire de l'Église, écoute une colombe messagère de Dieu.

– **Saint Honoré**, patron des boulangers, a une pelle à enfourner.

– **Saint Hubert**, patron des chasseurs, comme saint Eustache, se prosterne devant un cerf qui a une croix au milieu de sa ramure.

– **Saint Jean-Baptiste**, vêtu d'une peau de bête, tient un disque sur lequel se détache un agneau.

– **Saint Jérôme** a un lion près de lui.

– **Saint Joseph** porte un bâton fleuri.

– **Saint-Laurent** porte le grill sur lequel il fut brûlé vif.

– **Sainte Lucie** porte des yeux sur un plat.

– **Sainte Marthe** et **sainte Marguerite** piétinent un dragon.

– **Saint Martin** partage son manteau.

– **Saint Maurice**, officier romain martyr, porte sa cuirasse.

– **Saint Michel**, archange, porte la balance du Jugement dernier.

– **Saint Nicolas** bénit les trois enfants qu'il a ressuscités après les avoir sortis découpés du saloir d'un boucher.

– **Saint Quentin** a trois clous dans le crâne.

– **Saint Roch** caresse le chien qui lui apportait du pain et lui léchait les plaies alors qu'il était atteint de la lèpre.

Salamandre
Dans l'iconographie chrétienne, la salamandre symbolise le feu parce qu'on suppose que ce reptile qui ressemblait au dragon vivait au milieu des flammes. François Ier la prit pour emblème.

Sanglier
Emblème de la nationalité gauloise, pendant toute la période druidique. On le plaçait au sommet des enseignes militaires. Les Germains l'avaient également placé sur leurs enseignes. Son pouvoir était représentatif de celui de la forêt.

Serpent
Selon les lieux, le serpent se substitue au dragon. Animal de la science sacrée et de l'initiation, il avait une valeur primordiale pour les peuples anciens. Celui qui se faisait piquer par une vipère, et qui survivait il avait, de ce fait, accès à la connaissance du passé et de l'avenir. Sur les montants des dolmens bretons, il sert de gardien du seuil, associé à la Déesse. Avec le christianisme, le serpent a pris un caractère diabolique, lié à la faute d'Adam et d'Ève, d'où le caractère monstrueux qu'il tend à prendre dans certaines légendes, où il est combattu, tel le dragon, suppôt de Satan. Ce reptile figure dans l'iconographie de divers peuples ; chez les Égyptiens des serpents sont utilisés

comme signes hiéroglyphiques. Dans l'archéologie chrétienne, de fréquentes représentations de la Vierge la montrent écrasant la tête du serpent. C'est aussi le symbole de la ruse, du mensonge et de l'envie ; le serpent qui mord sa queue (*ouroboros*) décrit un cercle symbolisant l'éternité.

Servant

Dans certaines provinces, le lutin est nommé servant, sans doute pour insister sur l'aspect « *fée du logis* » qu'il a dans les campagnes.

Sirène

Monstres marins, elles attiraient par leurs chants les hommes afin de les dévorer. Ulysse, pour échapper à leur chant, se fait attacher au mât de son navire, et ordonne à son équipage de se boucher les oreilles. Dans l'iconographie chrétienne, la sirène symbolise les trois concupiscences ; elle est aussi considérée comme l'emblème de la volupté.

Smertulus

Soleil

Le soleil est source de lumière et de chaleur. Le sens de sa course, est-ouest, ordonne les constructions romanes. Source de vie, le soleil est aussi source de mort. Cette dualité est visible dans les motifs sculptés. Le soleil illumine le jour, et la Connaissance, tandis que la Lune illustre les ténèbres de la Nuit et de l'intuition.

Sorcier

Personne pratiquant la magie, jeteur de sorts. u Au moyen âge, l'Église accusait de sorcellerie ses opposants, les hérétiques et ceux accusés de pratiquer encore des cultes issus des religions celtes. Les sorciers, soupçonnés de pactiser avec le Diable, et d'en être les instruments, lors des Sabbats où ils se livraient à des messes noires, étaient condamnés à être brûlés vifs.

Source

Liées à la magie de l'Eau, la source est lieu de culte et de légendes. De nombreux monuments mégalithiques - dolmens surtout - ont été édifiés à proximité de sources, liant ainsi la Terre et l'Eau, image double de la Terre-Mère des origines.

Sotré

Les sotrés sont des lutins vosgiens, généralement aussi généreux que malicieux.

Suaire (saint)

Linceul qui enveloppa le corps du Christ et qui a conservé son empreinte. Prétexte à pèlerinages, notamment en Savoie, où il fut gardé. Il est actuellement à Turin, et fait l'objet d'études scientifiques afin de prouver, non sans polémiques, son authenticité.

Taureau

Animal primordial domestiqué au néolithique, le taureau apparaît soit en mâle, dans le couple qu'il forme avec la Déesse-Terre, soit en Vache sacrée, quand, au mont Bego par exemple, apparaissent des couples de bovidés. Sa corne est un indice de pouvoir et de puissance et signifie le couronnement. Une mise à mort rituelle du taureau ou des courses tauroboliques (sans sacrifices) ont sans doute eu avoir lieu dès le néolithique ou l'âge du bronze et se sont perpétuées dans les traditions du Midi de la France, avec le relais du culte de Mithra.

Templier

Chevalier de l'Ordre militaire et religieux du Temple, né à Jérusalem, chargé de la garde de la Terre Sainte, qui connut son apogée lors des croisades, et dont la richesse provoqua la chute : Philippe le Bel, pour s'emparer des biens du Temple, suscita son procès à la suite duquel plusieurs dignitaires, dont le Grand Maître, furent brûlés vifs. L'Ordre, dissout par le pape Clément VII, fut ensuite rattaché aux Chevaliers de Saint Jean (hospitaliers, puis chevaliers de Malte). Les sommes dont Philippe le Bel put s'emparer, après le procès de l'Ordre, étant relativement modestes par rapport à sa richesse supposée, on s'interroge encore pour savoir où a été caché l'or des Templiers.

Truie

Chez les Gaulois, la truie est un avatar de la Déesse-Mère, d'où son rôle dans notre univers légendaire. Sa valeur primitive est liée à la fécondité dans son aspect particulièrement prolifique. Puis elle prend un sens plus négatif, comme animal répugnant, en liaison avec le côté diabolique de la création. Dans l'iconographie chrétienne, la truie symbolise le mal, l'impureté, la gourmandise et la fécondité.

Tumulus

Tertre de terre ou construction en pierres sèches, sans mortier et recouvert de terre et de gazon, le tumulus servait de sépulture. Beaucoup de tumuli, quand ils ont été épargnés par les pillards, ont fourni des matériaux précieux pour l'archéologie préhistorique.

Vierge

Le culte de la Vierge Marie, mère de Jésus-Christ, supplanta celui de la Déesse-Mère, et devint essentiel au Moyen Âge, qui lui voua une grande vénération. La

Vierge était la protectrice du royaume de France, qui lui emprunta le lis, symbole de virginité. De nombreux édifices, chapelles ou basiliques, cathédrales (dites de Notre-Dame) furent édifiés en son honneur. C'est, dans l'art roman et l'art gothique, le sujet le plus représenté, tenant l'enfant Jésus dans ses bras (Nativité), recevant la visite de l'archange Gabriel (Annonciation), tenant le corps de Jésus-Christ à la descente de la croix (pietà)...

Vierge Noire

Statue de la Vierge, dite vierge de dessous la Terre, peinte en noir, dans les certaines cryptes romanes. D'origine mystérieuse (vestige de croyances druidiques ?), elle est assimilée aux rites de fécondité de la nature. La dévotion qu'on lui portait jadis fut très importante. Ses statues (Chartres, Le Puy...) étaient le but de grands pèlerinages médiévaux.

Ville engloutie

Du mythe du Déluge est venue la légende de la ville engloutie, à la suite d'une faute « païenne » (christianisme oblige). On trouve des allusions à des villes englouties en bordure de lacs ou de la mer ; la légende témoigne ainsi du souvenir de la montée des eaux, au début du postglaciaire. Souvent la pétrification s'ajoute comme punition supplémentaire.

Vouivre

La vouivre est un dragon, mais féminin, qui se pare de perles et d'escarboucles pour mieux enjôler le beau naïf. Cette « serpente » a un double aspect, rampant et ailé, puisqu'elle vole, comme à Solutré, d'une roche à l'autre. Gardienne maternelle de trésors souterrains, on devine en elle la fée prisonnière d'un destin qu'elle n'a pas choisi et attendant le héros qui, d'un baiser, la délivrera. Dans l'iconographie chrétienne, la vouivre symbolise le démon ou le diable ; c'est un animal fantastique qui a le corps rugueux du dragon, recouvert d'écailles, avec des ailes de chauve-souris et des pattes de pourceau. On dit aussi, selon les régions, *givre* et *guivre*.

Imprimé en Espagne par
Black Print CPi Iberica